T0270380

El mito de la ciudadanía

PENSAMIENTO HERDER — FUNDADA POR MANUEL CRUZ
DIRIGIDA POR MIQUEL SEGURÓ

Judith Shklar Los rostros de la injusticia
Victoria Camps El gobierno de las emociones
Manuel Cruz (ed.) Las personas del verbo (filosófico)
Jacques Rancière El tiempo de la igualdad
Gianni Vattimo Vocación y responsabilidad del filósofo
Martha C. Nussbaum Las mujeres y el desarrollo humano
Byung-Chul Han La sociedad del cansancio
F. Birulés, A. Gómez Ramos, C. Roldán (eds.) Vivir para pensar
Gianni Vattimo y Santiago Zabala Comunismo hermenéutico
Fernando Broncano Sujetos en la niebla
Gianni Vattimo De la realidad
Byung-Chul Han La sociedad de la transparencia
Alessandro Ferrara El horizonte democrático
Byung-Chul Han La agonía del Eros
Antonio Valdecantos El saldo del espíritu
Byung-Chul Han En el enjambre
Byung-Chul Han Psicopolítica
Remo Bodei Imaginar otras vidas
Wendy Brown Estados amurallados, soberanía en declive
Slavoj Žižek Islam y modernidad
Luis Sáez Rueda El ocaso de Occidente
Byung-Chul Han El aroma del tiempo
Antonio Campillo Tierra de nadie
Byung-Chul Han La salvación de lo bello
Remo Bodei Generaciones
Byung-Chul Han Topología de la violencia
Antonio Valdecantos Teoría del súbdito
Javier Sádaba La religión al descubierto
Manuel Cruz Ser sin tiempo
Byung-Chul Han Sobre el poder
Cass R. Sunstein Paternalismo libertario
Byung-Chul Han La expulsión de lo distinto
Maurizio Ferraris Movilización total
Etienne Balibar La igualibertad
Daniele Giglioli Crítica de la víctima
Miranda Fricker Injusticia epistémica
Judith Shklar El liberalismo del miedo
Manuel Cruz Pensar en voz alta
Byung-Chul Han Hiperculturalidad
Antonio Campillo Mundo, nosotros, yo
Carlos Thiebaut y Antonio Gómez Ramos Las razones de la amargura
Éric Fassin Populismo de izquierdas y neoliberalismo
Byung-Chul Han Buen entretenimiento
Tristan Garcia La vida intensa
Lluis Duch Vida cotidiana y velocidad
Yves Charles Zarka Metamorfosis del monstruo político
Byung-Chul Han La desaparición de los rituales
Catherine Colliot-Thélène Democracia sin demos
Eva Illouz y Dana Kaplan El capital sexual en la Modernidad tardía
Hartmut Rosa Lo indisponible
Byung-Chul Han La sociedad paliativa
Lorenzo Marsili Tu patria es el mundo entero
Zhao Tingyang Tianxia: una filosofía para la gobernanza global
Miquel Seguró Mendlewicz Vulnerabilidad
Luis Sáez Rueda Tierra y destino
Antonio Valdecantos Noticias de Iconópolis
Roberto Esposito Institución
José Antonio Pérez Tapias Imprescindible la verdad
Alain Minc Mi vida con Marx
Adriana Cavarero Democracia surgente
Corine Pelluchon Ecología como nueva Ilustración
Massimo Recalcati ¿Existe la relación sexual?
Rodrigo Castro Orellana Dispositivos neoliberales y resistencia
Laurent de Sutter Magia
Roberto Esposito Inmunidad común
Hanna Ketterer y Karina Becker (eds.) ¿Qué falla en la democracia?

Irene Ortiz Gala

El mito de la ciudadanía

Prólogo de
Roberto Esposito

herder

Diseño de la cubierta: Dani Sanchis

© *2023, Irene Ortiz Gala*
© *2024, Herder Editorial, S.L., Barcelona*

ISBN: 978-84-254-4989-5

Cualquier forma de reproducción, distribución, comunicación pública o transformación de esta obra solo puede ser realizada con la autorización de sus titulares, salvo excepción prevista por la ley. Diríjase a CEDRO (Centro de Derechos Reprográficos) si necesita reproducir algún fragmento de esta obra (www.conlicencia.com).

Imprenta: QPprint
Depósito legal: B-237-2024

Printed in Spain — *Impreso en España*

herder

Índice

Para Ana Rubio, que no habría leído este libro,
pero que lo hubiera enseñado con orgullo.

Prólogo

Desde hace tiempo la filosofía española vive una temporada particularmente creativa. Autores como José Luis Villacañas, Manuel Cruz, Francisco Jarauta o Miquel Seguró han iniciado un diálogo productivo con filósofos franceses, alemanes e italianos compartiendo sus investigaciones de manera inédita y original. En este espacio abierto se sitúa el libro de Irene Ortiz Gala, a quien tuve el placer de conocer en Pisa, durante mis cursos en la Scuola Normale Superiore. Desde entonces, ha comenzado una serie de investigaciones de carácter filosófico, político y jurídico, a cuya primera e importante elaboración conducen las siguientes páginas. Sin entrar en el detalle de sus tesis, que el lector podrá descubrir directamente en el libro, quisiera detenerme en algunos presupuestos que inscriben este trabajo dentro de un debate filosófico-político más amplio, desarrollado sobre todo en Francia y en Italia.

En el centro de su metodología se encuentra el paradigma arqueológico —o también genealógico— inaugurado por Michel Foucault siguiendo la pista de Nietzsche, que se caracteriza por la relación constitutiva entre origen y actualidad. Esta relación no puede entenderse en el sentido histórico de establecer una continuidad entre pasado y presente, sino sobre todo como una co-presencia en la discontinuidad: el origen no precede la actualidad, sino que está de alguna forma dentro de ella. En este sentido, el origen no constituye un dato cronológico —inencontrable en cuanto tal—, sino una referencia paradigmática que permite activar una mirada crítica sobre el presente. Fuera de este circuito arqueológico, o genealógico —asocio en este caso los dos términos, aunque no son equivalentes—, correríamos el riesgo de adherirnos a la narrativa que el presente hace de sí mismo, sin poder despegarnos de ella. En cambio, a través del paradigma arqueológico, el origen se convierte en el punto en el que el presente —nuestra condición contemporánea— se desdobla, permitiéndonos una mirada crítica sobre sus contradicciones. Así debe entenderse el análisis que Irene Ortiz Gala dedica a Atenas y a Roma, las dos ciudades decisivas en la construcción de nuestra identidad, junto con Jerusalén. De hecho, una referencia más amplia al modelo judío de ciudadanía, diferente de los modelos griego y romano, habría permitido una fructífera expansión de la investigación, porque el desarraigo judío constituye una deconstrucción potencial de la doble raíz griega y romana. Sin embargo, la referencia a Atenas y Roma permite a la autora leer la lógica de la ciudadanía moderna con una capacidad crítica de la que generalmente carece la ciencia política y que solo la filosofía es capaz de implementar. *Ius sanguinis* y *ius soli*, que hoy intervienen de forma alternativa como modelos de ciudadanía, son reconducidos por la autora al desdoblamiento de un único dispositivo, que es aquel, inmunitario, de una inclusión excluyente.

El uso del concepto de inmunidad constituye una segunda herramienta que entrelaza la obra de Irene Ortiz Gala con la investigación filosófica contemporánea. Por «inmunización» se entiende un modo negativo de gestionar los conflictos; o, mejor aún, el uso de una negación menor para protegerse de una mayor. En la tradición cristiana, en particular en la paulina, el dispositivo inmunitario asume el nombre de *katechon*. *Katechon* es un freno que salva de un mal mayor —para los cristianos, el Apocalipsis—

no enfrentándolo, sino llegando a un acuerdo con él. Así, la soberanía moderna —la que declara al pueblo «soberano»— procede de manera *«katechóntica»:* otorga la ciudadanía a los habitantes del Estado, pero los separa tanto interna como externamente. Hannah Arendt —a quien acertadamente se refiere la autora— explica cómo no solo se distingue entre los ciudadanos y los extranjeros, sino que también se divide internamente entre quienes disfrutan de derechos políticos y quienes no los disfrutan o los disfrutan solo en parte. Desde otra perspectiva, filosófica y política, Carl Schmitt sostiene que cada régimen político, antiguo y moderno, incluida la democracia, se une no solo a través de la discriminación contra los ciudadanos de otros Estados, sino también contra una parte de sus propios ciudadanos —a los que no considera tales—.

Conocemos el desenlace que tuvo esta perspectiva en los años treinta, cuando los ciudadanos discriminados —los extranjeros internos— comenzaron a ser perseguidos y luego masacrados. Pero no debemos pensar que esta separación, dentro del dispositivo de la ciudadanía, pertenece solo a los regímenes totalitarios y al nazi en particular. Esta separación es constitutiva de la idea misma de ciudadanía, fundamentada sobre la categoría de los derechos personales. Sobre estos, Irene Ortiz Gala se refiere a lo que se ha definido como «el dispositivo de la persona». Contrariamente a lo que se piensa al referirse a la persona como categoría universal, esta, de origen romano y cristiano, no solo en Roma, sino en toda la historia moderna, ha constituido un instrumento de discriminación entre quien era considerado persona a todos los efectos y quien no lo era, llegando, en el caso del esclavo —no olvidemos que la esclavitud fue abolida hace menos de dos siglos—, a ser asimilado a una cosa. En Roma, la persona —cuyo significado original es el de «máscara»— no coincide con el individuo que la porta. Es un estatus, un rol que uno puede tener o no tener, que puede adquirir o perder. No solo los seres humanos, como los esclavos, podían transitar de la esfera del ser humano a aquella de la cosa o viceversa, sino que, en realidad, ningún ciudadano romano, salvo los varones libres y adultos, era propiamente considerado una persona. Los hijos mismos, no solo en la etapa arcaica, estaban sujetos al derecho de vida y de muerte de su padre. En este sentido, la ciudadanía romana, concedida a los pueblos que Roma conquistaba de vez en cuando, implicaba un dispositivo de exclusión que nunca fallaba. Si en Atenas solo eran ciudadanos los habitantes autóctonos, de pura sangre ateniense, además de aptos para realizar el servicio militar, el modelo romano, en el que la ciudadanía no estaba ligada a la sangre, también implicaba límites y exclusiones.

El paradigma que la autora opone al dispositivo de la persona es el de lo impersonal, elaborado de manera diferente por Simone Weil y Gilles Deleuze. Si el uso del concepto de persona ha separado siempre la humanidad en dos o más niveles superpuestos, la única manera de emanciparse de él es escapar de su semántica jurídico y/o teológico-política. Naturalmente, la categoría de impersonal, válida para deconstruir internamente la de persona, tiene un fuerte valor filosófico, pero sigue siendo problemática en un plano propiamente político. ¿Qué sujeto político podría encarnarla? Por otro lado, la crítica de la persona parece inseparable de la crítica del sujeto al que permanece ligada. El mismo sujeto es concebido por la tradición filosófica como dividido en dos niveles, uno corporal y uno intelectual o espiritual, el primero subordinado al segundo. Desde este punto de vista, los conceptos de la tradición metafísica están recíprocamente ligados por una lógica binaria que implica siempre un elemento excluyente. Sin embargo, aquí el discurso se extendería demasiado para poder continuarlo en este prólogo. Así, mejor, quedémonos con el libro de Irene Ortiz Gala, que constituye una importante contribución a una deconstrucción, tanto analítica como crítica, del concepto de ciudadanía.

Roberto Esposito

Introducción

Los problemas pueden abordarse desde distintas perspectivas. Podemos estudiar nuestro presente y situarlo en su contexto, podemos establecer comparativas entre un conjunto de realidades o podemos excavar en las ruinas de diferentes épocas y ver qué tienen que decirnos los objetos del pasado. En este ensayo, para abordar la cuestión de la ciudadanía, me gustaría comenzar por donde creo que debe comenzar cualquier historia: por el principio. Trataremos de rastrear, pues, las huellas de aquellos que algún día anduvieron por esta tierra y dejaron en ella constancia de su camino.

Civis romanum sum, cuenta Cicerón,[1] era la fórmula escogida por los romanos para hacer valer los derechos que su ciudadanía les reconocía. La misma fórmula a la que se acogió Pablo de Tarso y que, presumiblemente, evitó que muriera crucificado y que se le concediera, en su lugar, la muerte por decapitación. Lo crucial de la ciudadanía, y esto los romanos lo sabían bien, no es que esta indique la procedencia o el origen de una persona, sino, sobre todo, el ordenamiento jurídico en el que se inscribe. Por eso Pablo, según la versión de Lucas en *Hechos de los apóstoles*, pregunta al oficial que quiere arrestarlo: «¿Está permitido azotar a un ciu-

---

1. Cicerón, «Verrinas», en *Discursos*, vol. II, Madrid, Gredos, 1990, V, 162.

dadano romano sin haberlo juzgado antes?».[2] Lo que Pablo reclama es el trato que se le debe exclusivamente a un ciudadano romano y que es significativamente mejor al que recibe un extranjero.

No entraré en la discusión sobre la veracidad de la ciudadanía romana de Pablo,[3] pero sí señalaré que, precisamente, el debate sobre su ciudadanía gira en torno a algunos acontecimientos que parece difícil que pudieran ocurrirle a un ciudadano romano. Si Pablo era romano, ¿por qué no lo dijo cuando le dieron latigazos, lo azotaron o lo apedrearon?[4] La ciudadanía reconocía unos privilegios que lo hubieran protegido del trato que Pablo dice haber recibido. Esta falta de correspondencia entre lo que sufre Pablo en sus cartas y la condición de ciudadano romano que Lucas le otorga hace sospechar a los investigadores de la veracidad de dicho estatus jurídico. Sin embargo, para los intereses de este libro son muy reveladores los términos en los que se produce el debate, porque evidencian las diferencias de trato entre la población de un mismo territorio en función de su ciudadanía. Y porque, como no se debe renunciar a estudiar y explicar las semejanzas entre el pasado y el presente ya que suelen decir cosas que se parecen, este libro propone un análisis arqueológico del dispositivo de la ciudadanía.

Nos centraremos en tres cuestiones sobre la ciudadanía —como un nudo borromeo que no puede deshacerse—. En primer lugar, se trata de determinar qué relatos han permitido que se construya un dispositivo como el de la ciudadanía, es decir, qué discursos han dado lugar a la formación de este artefacto jurídico. La puerta de entrada a esta investigación está conformada por Grecia y Roma. Las historias narradas en sus mitos del origen —de au-

2. Hch 22,25. Otras dos veces aparece en los Hechos de los apóstoles la referencia a la ciudadanía romana de Pablo: Hch 16,37; 23,27.
3. Cf. A. Piñero, *Los libros del nuevo testamento*, Madrid, Trotta, 2021, pp. 87-88; G. Barbaglio, *Pablo de Tarso y los orígenes cristianos*, Salamanca, Sígueme, 1992, pp. 33-47.
4. 2 Cor 11,24ss.

toctonía y de fundación— resuenan todavía hoy. En este sentido, deberíamos estar de acuerdo en que los mitos son mucho más que fábulas: dan cuenta de un orden político y de un horizonte de sentido que nunca hemos dejado de repetirnos. En segundo lugar, resulta crucial hacer un diagnóstico de la ciudadanía en nuestras sociedades contemporáneas: analizar qué mecanismos jurídicos facilitan la inclusión en dicho dispositivo y cuáles favorecen la exclusión —y bajo qué criterios—, así como cuáles son sus consecuencias. Debemos indagar, entonces, qué papel desempeña el dispositivo jurídico de la ciudadanía en la protección de la vida y qué implicaciones tiene en nuestra comprensión del mundo. De lo que se trata, en pocas palabras, es de examinar qué tipo de orden social produce la ciudadanía. En tercer y último lugar, es urgente que evaluemos si este mito de la ciudadanía —y su dispositivo jurídico-político— puede seguir explicando nuestro presente. La «vaca sagrada de la ciudadanía»[5] nos pone en aprietos para pensar otra forma de relación con las instituciones jurídico-políticas del Estado en el que vivimos y, sin embargo, pocas cosas se me antojan tan impostergables como este examen: ¿es deseable que la ciudadanía continúe siendo el concepto-guía de la filosofía política?

El concepto de «ciudadanía» es esquivo y, a pesar de su extendido uso, presenta problemas cuando queremos pensarlo con cierto rigor. Parte de este problema se deriva del hecho de que este concepto puede referirse a cosas muy diferentes en función del sentido en el que se utilice. Desde un punto de visto sociológico, «ciudadanía» se emplea para indicar la población que habita y participa en un Estado, con independencia de la relación que mantengan los individuos con el aparato jurídico-político. Y, sin embargo, desde una perspectiva jurídica, sabemos que no

5. Cf. R. Samaddar, *The Marginal Nation: Transborder Migration from Bangladesh to West Bengal*, Nueva Delhi, Sage Publications, 1999.

todas las personas que residen y forman parte de la vida social de un Estado son ciudadanos. Desde esta perspectiva, el uso socio-lógico del término «ciudadanía» corre el riesgo de invisibilizar la jerarquía jurídica derivada de este dispositivo —sin que esto implique reconocer, a su vez, que aquellas personas que no son ciudadanas sean, o puedan ser, actores sociales—.

Precisamente por esto vale la pena recordar que, en sentido jurídico, la ciudadanía indica la pertenencia de un individuo a un Estado a través de los mecanismos reconocidos por *sus* leyes. Así, cada Estado otorga este estatus jurídico, junto con los derechos y deberes inherentes, a las personas que poseen *su* título, es decir, a *sus* ciudadanos. La aproximación sociológica a la ciudadanía, como ha señalado Luigi Ferrajoli,[6] no puede dar cuenta de los diferentes procesos de exclusión que se han establecido en los ordenamientos jurídicos de diferentes épocas y lugares y, sobre todo, de la distinción fundamental entre ciudadanía *(status civitatis)* y personalidad o subjetividad jurídica *(status personae)*. La evidencia del carácter discriminador de la ciudadanía se muestra en la distinción entre los derechos que son reconocidos a los individuos en cuanto personas y los derechos que se otorgan a las personas en cuanto ciudadanos. No digo que los estudios que se centran en los análisis de participación de la sociedad civil —con independencia de la seguridad jurídica que tengan los individuos que intervienen en dicha sociedad— no sean válidos, pero sí insistiré en que no son suficientes. No debemos confundir las prácticas sociales con los derechos y, todavía menos, pensar que aquellas pueden ser condición suficiente para formar parte de una sociedad y que, incluso, se podría prescindir de los derechos. Es cierto que las prácticas sociales pueden llegar a corregir los derechos, pero también sucede, como insiste Richard Sennett,[7]

---

6. L. Ferrajoli, *Derechos y garantías. La ley del más débil*, Madrid, Trotta, 2010, pp. 96 ss.

7. R. Sennett, *El extranjero*, Barcelona, Anagrama, 2014, pp. 61-63.

de la manera inversa, y la corrección de la ley escrita puede ser la única forma de acabar con el desamparo al que son condenados aquellos sujetos privados de la ciudadanía del territorio en el que residen. La evidencia de la matriz excluyente que vertebra la ciudadanía en un sentido jurídico —que discrimina y establece una verdadera jerarquía entre los residentes de un Estado— debe tomarse, especialmente desde la filosofía política, con la gravedad que merece. Por eso, cualquier estudio que olvide, intencionalmente o no, que la protección de la vida depende de la inscripción en el orden jurídico está condenado al fracaso.

Además, los Estados, como territorios delimitados con instituciones jurídico-políticas propias, también precisan de relatos para producir y reproducir un ordenamiento simbólico sobre el que construir un sentimiento de pertenencia y, así, convertirse en Estados nación. Dice Étienne Balibar, siguiendo a Émile Durkheim, que para que el Estado pueda adoptar la forma de un Estado nación necesita apropiarse de lo sagrado, no solo con las representaciones de una soberanía más o menos laicista, sino, sobre todo, «en el nivel cotidiano de la legitimación, es decir, del control de nacimientos, de muertes, etc.».[8] El dispositivo de la ciudadanía cumple ambas funciones: es una formulación jurídica que distingue entre los residentes «legítimos» y los «extraños» y, a la vez, es un productor de legitimidad simbólica de los primeros sobre los segundos que se extiende más allá del plano jurídico. Pensar lo contrario, a saber, que la ciudadanía cumple exclusivamente una función jurídica, sería, en el mejor de los casos, terriblemente ingenuo.

Sin embargo, si de lo que se trata es de examinar las formas de exclusión-inclusión de la ciudadanía en nuestro presente, ¿por qué una tercera parte de este libro se dedica a la Atenas del

---

8. É. Balibar, *Nosotros, ¿ciudadanos de Europa? Las fronteras, el Estado, el pueblo*, Madrid, Tecnos, 2003, p. 47.

siglo V a.C. y al Imperio romano? Parece lógico que, antes de dar paso a la exposición, esgrima algunas cuestiones. Para comenzar, creo que es necesario dirigir la mirada a Atenas y a Roma porque no ha pasado tanto tiempo. Me gustaría invitar al lector interesado por la actualidad a tomar un desvío de la ruta principal para luego retomar el camino de la mano de las historias del pasado. Olvidamos con demasiada frecuencia que detrás de una regulación jurídica hay un relato que la constituye y legitima: el mito enuncia una historia, y su institucionalización como herramienta jurídica la fija y la reproduce. Seguramente la fuerza del mito resida, precisamente, en esto que intuyó Salustio y nos recordó Calasso: estas cosas jamás sucedieron, pero existen siempre.[9] Por eso es preciso que un texto que pretende aproximarse al funcionamiento de la ciudadanía en nuestro presente se haga cargo de los relatos que permitieron su fundación. En este libro se entrelazan figuras clásicas —como la de Erecteo, Rómulo o Eneas— con herramientas jurídicas contemporáneas —como la ciudadanía, los procesos de naturalización y el asilo—. Y, no obstante, esta conexión entre pasado y presente no se hace, como se dice comúnmente, porque el pasado arroje luz sobre el presente o porque nos permita interpretarlo mejor, sino porque el caso de la ciudadanía es un excelente ejemplo de la reunión del pasado y el presente en una misma imagen.

Los relatos que examinaremos en la primera parte del libro establecen las bases sobre la que se legitima la exclusión sistemática de ciertas vidas, una exclusión estructural que se reproduce en el sistema jurídico. Para poner a dialogar un conjunto de textos, especialmente si estos pertenecen a épocas y tradiciones diversas, es preciso que estos compartan algunos rasgos. En este sentido, la ciudadanía ateniense, la romana y la contemporánea anuncian una misma idea, con modificaciones y adaptaciones, pero con un

---

9. R. Calasso, *Las bodas de Cadmo y Harmonía*, Barcelona, Anagrama, 2019.

mismo significado. Podríamos decir, en pocas palabras, que la exaltación de la autoctonía que justifica el reconocimiento de la ciudadanía no ha dejado de reproducirse desde las epopeyas de Homero. El relato de autoctonía de la tradición ateniense instaura una forma de pensar la vinculación con la tierra en la que se habita que perdura hasta nuestros días. Esto no quiere decir que los Estados contemporáneos precisen de un antepasado común para justificar la vinculación de sus ciudadanos y, sin embargo, una forma distorsionada del lazo familiar ha perdurado en el derecho de sangre. La extensión de los lazos familiares a la ciudad, primero, y luego al Estado, propicia una situación poco prometedora para los que tienen que vivir allí sin ser sus hijos. Como sabía Maya Angelou, la ciudad abraza a los extranjeros como una madre abraza a un niño ajeno: con cariño, pero sin demasiada familiaridad.[10]

Los relatos en torno a la autoctonía de los atenienses, la integración de los pueblos vencidos a través de la ciudadanía romana y la hospitalidad del mundo clásico han dado lugar a fórmulas jurídicas que para nosotros ya son muy antiguas. Si insistimos en denostar la figura de Erictonio o los procesos legales que nos transmite Cicerón como si ya no tuvieran nada que decirnos, como si se trataran de un pasado superado, entonces solo obtendremos una imagen fragmentaria, parcial e insuficiente de lo que quiere decir ser ciudadano de un Estado. Por eso, lo que me gustaría mostrar en las siguientes páginas es que la ciudadanía no es una herramienta jurídica neutral, sino que parte de unos presupuestos cuya comprensión nos puede ayudar a ponerlos en duda.

En nuestros días, la ciudadanía es la herramienta jurídica que regula el sistema de inclusión y exclusión de un Estado; es un dispositivo inmunitario, diríamos con Roberto Esposito. Sin embargo, a veces parece que somos incapaces de recordar su ori-

10. M. Angelou, *Yo sé por qué canta el pájaro en la jaula*, Barcelona, Libros del Asteroide, 2018, p. 13.

gen jurídico y tomamos la ciudadanía como un hecho natural poco discutible. La distinción que traza el dispositivo de la ciudadanía entre quién pertenece a un Estado —quién es *su* ciudadano— y quién no —quién es un extranjero— se nos presenta como un acontecimiento natural e inmutable. Así, pareciera que existen tan solo dos elementos en constante tensión que pueden habitar un Estado: los ciudadanos y los extranjeros, los miembros y los extraños. Esta diferenciación, desde luego, tiene consecuencias que exceden el marco jurídico e impregnan la esfera social y simbólica. La ciudadanía no solo indica el estatus jurídico de un individuo con respecto a un Estado, sino también la «legitimidad» que se le presupone a su presencia en un territorio.

Asistimos impertérritos a la institucionalización de la exclusión y a la jerarquización de los tipos de vidas porque hemos naturalizado los mecanismos que inscriben la vida en el Estado. Sin embargo, si somos capaces de dudar de la supuesta condición natural de la ciudadanía y de los relatos que la sostienen, quizá podamos pensar otras formas de relación jurídico-política. En este sentido, que la ciudadanía sea un dispositivo que produce un determinado tipo de subjetividad —el ciudadano— no quiere decir que tenga una estructura inalterable. El dispositivo se reproduce conservando sus mitos, pero también modificándolos y adaptándolos a su contexto. Es precisamente en esos discursos que comparte con ciertos momentos pasados donde también podemos reconocer las variaciones que la ciudadanía ha tenido que realizar para poder conservarse. Por eso, una aproximación arqueológica a la ciudadanía revela su capacidad para adaptarse a diferentes momentos históricos y, a la vez, no ser exactamente algo nuevo.

El siglo pasado, Hannah Arendt insistió en la desprotección a la que se veían condenados aquellos que eran privados de su ciudadanía. Una vez que se constató que los derechos del hombre eran protegidos solo en cuanto aquel era un ciudadano, Arendt insistió en la necesidad de garantizar los derechos del hombre, independientemente de su vinculación con el territorio, si no se quería volver a crear una masa desposeída de derechos.[11] La voluntad del reconocimiento de los derechos al simple hombre se topó con los límites marcados por los Estados. Más de setenta años después de su advertencia, seguimos buscando las fórmulas para salvaguardar la vida, con independencia de su estatus jurídico y, a la vez, nos sigue resultando extremadamente difícil concebir el reconocimiento de derechos sin la condición de ciudadano de un Estado. Sabemos que la naturalización de la coincidencia entre el hombre y el ciudadano expulsa del régimen de la persona a todos aquellos que no gozan del estatus de la ciudadanía, pero no parece que hayamos encontrado la fórmula que podría evitar esta desprotección.

El enfoque arqueológico nos puede ofrecer las claves para, una vez que hayamos sido capaces de retirar el pretendido halo de naturalidad que acompaña a la ciudadanía, poder plantear otra gramática que nos permita pensar nuestro presente. En este sentido, poner en duda que «ciudadanía» sea el término más idóneo para ser el concepto-guía de la filosofía política no quiere decir dejar de pensar la comunidad, sino ser capaces de imaginar la discusión con otros términos. La cuestión del acceso a la ciudadanía, y a la protección jurídica que esta ofrece, no puede ser un debate agotado y superado porque es un debate que, en cierto sentido, ni tan siquiera ha tenido lugar. Por eso espero que estas páginas animen al lector a sospechar de cualquier discurso que tome la ciudadanía como un hecho natural innegociable, una cuestión de sangre e identidad, y lo exhorte a imaginar otras formas de relación con el Estado.

---

11. H. Arendt, *Los orígenes del totalitarismo*, Madrid, Alianza, 2006, p. 413.

I

Los relatos de la ciudadanía

Cuando comencé a escribir mi obra, estas leyendas de los griegos las consideré más bien como tonterías, pero al pasar a las de los arcadios he llegado al siguiente juicio sobre ellas: que antiguamente los griegos considerados sabios contaban sus historias por medio de enigmas y no directamente, y que, por tanto, lo que se dice de Crono sospecho que encierra una cierta sabiduría de los griegos.

PAUSANIAS[1]

No intento demostrar la continuidad de la tradición griega, sino la fuerza del mito. Continúa vivo, a pesar de que todo alrededor ha cambiado. *Convive con nosotros y convivimos con él.* Es el gran río que arrastra nuestro destino.

THEODOR KALLIFATIDES[2]

1. *Descripción de Grecia*, Madrid, Gredos, 2008.
2. *Otra vida por vivir*, Barcelona, Galaxia Gutenberg, 2019.

Creemos, como si fuese una obviedad, que es el pasado el que vuelve a habitar y rondar el presente. Habría que plantearse que la proposición inversa es tanto o más probable, y que somos nosotros quienes rondamos a quienes nos precedieron sin dejar que descansen. Nosotros somos los verdaderos fantasmas de nuestra historia, los fantasmas de nuestros fantasmas.

MOHAMED MBOUGAR SARR[3]

---

3. *La más recóndita memoria de los hombres*, Barcelona, Anagrama, 2022.

1. El mito ateniense de la autoctonía

La palabra «mito» alude a una narración maravillosa, a una fábula en la que intervienen personajes divinos. Esta connotación «ficcional» parece hacer de los mitos poco más que un pasatiempo de excéntricos amantes de la infancia de la inteligencia griega. Sin embargo, subestimar la labor que desempeñaron los mitos en la esfera política, cívica y religiosa sería dejar de lado una parte fundamental de la cultura griega.[1] La dificultad para comprender la tarea del mito en las ciudades arcaicas y griegas se encuentra en identificar acertadamente el lugar que ocuparon estas narraciones. ¿Fueron los mitos el reflejo de las relaciones de poder y de las instituciones de su época o, en un movimiento inverso, produjeron y establecieron ambas? Seguramente, haríamos bien en pensar la cuestión como el anverso y el reverso de una moneda. Si la labor del mito consistía en la creación de un discurso producido y dirigido a la propia ciudad, pero también al exterior —a los otros— y a la posteridad, no es difícil pensar el mito como una

---

1. Como ha defendido Carlos García Gual, conviene alejarnos de la interpretación ilustrada y racionalista que toma los mitos como relatos ficcionales o alegorías y aceptar que «el mito es un *relato*, una narración, que puede contener elementos simbólicos, pero que, frente a los símbolos o a las imágenes de carácter puntual, se caracteriza por presentar una "historia"». Cf. C. García Gual, *Introducción a la mitología griega*, Madrid, Alianza, 2004, p. 18.

producción discursiva que reflejaba y, a la vez, prescribía la sociedad que lo enunciaba. El tiempo del relato mítico se sitúa en un pasado remoto que forma parte de una estructura permanente, es decir, enlaza el pasado, el presente y el futuro en un mismo horizonte. La narración del acontecimiento pasado interviene en el presente y predispone el futuro al exigirle a ambos tiempos que hagan justicia al pasado mítico. Precisamente por esto, no sería del todo adecuado ver en el mito únicamente un reflejo de la estructura sociopolítica y olvidar su carácter prescriptivo que regula no solo el presente, sino también las acciones futuras.

El mito es una constelación de relatos ejemplares en el que los ciudadanos pueden refugiarse y que pueden tomar como guía cívica, recuerda Platón, especialmente cuando se es joven, como «el sello con el que se quiere estampar a cada uno».[2] Esta capacidad formativa del mito es la que lleva a Platón a preguntarse cómo podrían los atenienses deshacerse de las mentiras innobles que cuentan sus mitos y sustituirlos por otros que promuevan una mejor educación cívica entre sus ciudadanos. Así, a pesar de reconocer su carácter ficticio, Platón entiende que el mito ofrece un espacio discursivo en el que se disputa la educación cívica de la ciudad que lo cuenta. Por eso, la cuestión no es tanto qué grado de verdad conserva el mito, sino, más bien, si se trata, de entre las mentiras necesarias, de «una mentira noble».[3] Platón sugiere que una mentira noble es aquella que brinda unidad a la ciudad, como por ejemplo la que establece como acontecimiento fundador el nacimiento de los ciudadanos de la tierra, que se convierte en madre, y que persuade a los hijos de «preocuparse por el territorio en el cual viven, como por una madre y nodriza, y defenderlo si alguien lo ataca, y considerar a los demás ciudadanos como hermanos y como hijos de la misma tierra».[4] La tarea del mito

2. Platón, «República», en *Diálogos*, vol. IV, Madrid, Gredos, 1988, II, 377b.
3. *Ibid.*, III, 414c.
4. *Ibid.*, III, 414e.

excede la simple narración fantasiosa del origen; este puede persuadir *(peîsai)* a los ciudadanos acerca de las estructuras sociales más convenientes, como hace Platón, o más modestamente proporcionar una guía de acción para los ciudadanos. Así, como veremos en las próximas páginas, la gesta del mito de autoctonía ateniense establece el origen de la ciudad, dota de sentido las relaciones entre los ciudadanos y, sobre todo, instaura la legitimidad del marco político de Atenas.

1. El nacimiento de Erictonio

Existe más de una vía de acceso al mito de autoctonía ateniense y las diferentes narraciones, con varios siglos de distancia, son como las teselas que conforman un mosaico —en este caso, el de la autoctonía—. Por tanto, intentaré no privilegiar ninguna de sus versiones, puesto que todas conservan la misma estructura y, sobre todo, cumplen la tarea que Platón asignó al mito, es decir, persuaden y educan a los ciudadanos.

El mito fundacional de Atenas se construye con la figura de Erictonio, el primer autóctono. Según la versión de Apolodoro, Erictonio es el hijo de Hefesto y Atenea. Un día, la diosa fue a la fragua de Hefesto para que le fabricase unas armas y este, que había sido abandonado por Afrodita, persiguió a Atenea con el objetivo de tener relaciones con ella. La diosa no lo consintió, puesto que era casta y virgen *(parthénos)*, pero cuando el dios de la forja estuvo cerca, esparció su semen sobre su pierna. Atenea, asqueada, nos dice Apolodoro, se limpió con una brizna de lana que arrojó al suelo, de donde, más tarde, nació Erictonio.[5]

Platón también presenta su versión del mito, en el que Gea desempeña un papel mucho más relevante: Erictonio, al que no

5. Apolodoro, *Biblioteca*, Madrid, Gredos, 1985, III, 14, 6.

se menciona explícitamente, no sería el hijo de Hefesto y Atenea, sino de Hefesto y Gea, y fue criado y educado por Atenea.[6] La diosa, en esta versión, es la nodriza encargada no solo del vástago de Gea, sino también de todos los ciudadanos que habitan la ciudad. Sin embargo, si cotejamos con el resto de las versiones, Atenea excede con creces el papel de nodriza —reservado, por lo general, a las Cecrópidas—. Un exceso que deja ver la singularidad del pueblo ateniense: a diferencia del resto de los griegos, solo a los atenienses «está reservado llamar a la misma ciudad nodriza *(trophón)*, patria *(patrída)* y madre *(mêtéra)*».[7] La autoctonía de Erictonio inaugura el relato fundacional de los atenienses, unidos a Atenea y brotados del suelo cívico —los *ándres athênaîoi*—,[8] y articula la singularidad de Atenas. No se trata, por lo tanto, de un relato sobre el origen anónimo de la humanidad, sino de un linaje en particular, que queda para siempre emparentado con la divinidad.

En las versiones que manejamos, Erictonio parece confundirse con otro personaje, Erecteo, y, a veces, como sucede en el *Ión* de Eurípides, ambos nombres se encuentran unidos por el parentesco familiar. Sin embargo, la indistinción con la que a veces se usan estos nombres no debería llevarnos a confundir ambas figuras. Como ha señalado Loraux, existe una repartición de tareas entre los dos héroes, quienes ciertamente son parecidos, pero en ningún caso intercambiables.[9] Erictonio y Erecteo están unidos a la Acró-

---

6. Platón, «Timeo», en *Diálogos*, vol. VI, Madrid, Gredos, 1992, 23d.

7. Isócrates, «Panegírico», en *Discursos*, vol. I, Madrid, Gredos, 1979, 25. La vinculación entre la ciudad y la diosa está mediada por la figura de Erecteo, que, recordemos, no puede llamar propiamente madre a Atenea, puesto que esta no se reproduce sexualmente, y, sin embargo, su relación excede el trato materno.

8. Tucídides, *Historia de la guerra del Peloponeso*, vol. I-II, Madrid, Gredos, 1990, I, 53; Demóstenes, «Olintíaco primero», en *Discursos políticos*, vol. I, Madrid, Gredos, 1980, 6.

9. N. Loraux, *Los hijos de Atenea. Ideas atenienses sobre la ciudadanía y la división de sexos*, Barcelona, Acantilado, 2017, pp. 57 ss.

polis: el primero porque es allí donde nace —sale de la tierra—, el segundo porque es allí donde muere —el tridente de Poseidón abre un surco en la tierra y lo sepulta—. Pero es que la distinción de tareas, además, remite a dos momentos diferentes de la vida del hombre: Erictonio es el infante, Erecteo es el rey adulto. Aun así, Homero se refiere a los atenienses como «el pueblo del magnánimo Erecteo, a quien en otro tiempo Atenea, hija de Zeus, había criado tras darle a luz la feraz tierra».[10]

Con nueve siglos de diferencia, también Plutarco, cuando examina el linaje de Teseo, introduce la figura de Erecteo y los primitivos autóctonos.[11] El nacimiento del primer autóctono, lo de menos es cómo se lo nombre, ofrece una fuente de legitimidad a los atenienses para diferenciarse de los otros pueblos y proclamar la superioridad de su ciudad. La singularidad de Atenas, pero especialmente la de sus ciudadanos, queda enraizada en la tierra que produjo a Erecteo. Quizá porque el papel de esta historia fue mucho más político de lo que podría esperarse de un relato mitológico, no debe sorprendernos que recurran a él no solo poetas, sino también filósofos y oradores. Incluso un historiador como Heródoto se hace eco de la figura de Erecteo, que no solo reinó en Atenas, sino que, por su vinculación con la diosa, es el que le dio el nombre de «atenienses» a los ciudadanos.[12] Inicialmente, Heródoto despoja de su aura mítica a la figura de Erecteo y la reinserta en la historia. Así, este pasa por ser un rey más de Atenas —aunque ciertamente con un papel privilegiado—. Sin embargo, un poco más adelante en sus textos, parece que el historiador no puede resistir la tentación de conectarlo con el mito y prefiere dejar claro que su Erecteo histórico es el mismo que el de los poetas, «quien, según dicen, nació de la tierra».[13]

10. Homero, *Ilíada*, Madrid, Gredos, 1996, II, 546 ss.
11. Plutarco, *Vidas paralelas*, vol. I, Madrid, Gredos, 1985, I, 3.
12. Heródoto, *Historia*, vol. VIII-IX, Madrid, Gredos, 1989, VIII, 44.
13. *Ibid.*, VIII, 55.

Erictonio nace de la tierra, fruto del deseo divino —de Hefesto por Atenea—, y proporciona a los atenienses un mito cívico sobre el origen de la ciudad que se cuentan a sí mismos y al resto de las ciudades. Las versiones del mito de autoctonía ateniense ofrecen un lugar común que justifica la hegemonía de Atenas y, sobre todo, la superioridad cívica que no dejarán de recordar en todo tipo de intervenciones. Lo determinante en este mito es la fuente de legitimidad que proporciona a los atenienses al hacerlos descender de un mismo *génos* —que es el nacimiento, pero también la familia, el linaje o la raza—, los hijos de Erecteo[14] o los Erecteidas,[15] siempre vinculados a Atenea. Pero para que el mito de autoctonía sea, además, una guía cívica que oriente la acción de los ciudadanos atenienses, Erecteo debe comportarse como un héroe. Atenea no solo cría y educa al joven Erictonio, sino que este, cuando es adulto, sigue rigurosamente las enseñanzas de la diosa. La forma de proceder de Erecteo se convierte en máxima para los ciudadanos atenienses; su muerte en y por Atenas enseña que no hay sacrificio, ni siquiera el de la propia vida, que no se deba hacer para salvar la ciudad. Para vencer en la lucha contra Eleusis, Erecteo consultó al oráculo, que le aconsejó que sacrificara a una de sus hijas, Ctonia, lo que provocó, según algunas versiones, que las hermanas de la víctima pusieran fin a sus vidas.[16] Tras el sacrificio, Erecteo mató a Eumolpo —hijo de Quíone y Poseidón—, que combatía por el bando de los eleusinos, lo que desencadenó la furia de su padre, dios de los mares, que abrió con su tridente una hendidura en la tierra por la que desapareció el rey de Atenas.[17]

La muerte del viejo rey exhorta a los ciudadanos a ser imitadores anónimos dispuestos a encontrar la bella muerte *(kalòs*

14. Eurípides, «Medea», en *Tragedias*, vol. I, Madrid, Gredos, 1991, 824.
15. *Id.*, «Ión», en *Tragedias*, vol. II, Madrid, Gredos, 1985, 25.
16. Apolodoro, *Biblioteca*, op. cit., III, 15, 4.
17. Eurípides, «Ión», *op. cit.*, 281.

tánathos),[18] que es, desde luego, una muerte gloriosa. La historia de Erecteo, que había nacido de inmortales y sacrificó a sus propias hijas para liberar a Atenas, invita a los ciudadanos a repetir sus acciones, pues lo contrario, nos dice Demóstenes, sería vergonzoso.[19] Más contundentes son los fragmentos de la tragedia de Eurípides en honor del primer autóctono, que expresan la alegría de Praxítea, madre de las hijas de Erecteo, porque el sacrificio de su hija se haga en «favor de nuestra tierra», y animan a los atenienses a vivir como Erecteo, pues si todos amasen Atenas como él lo hace, «no sufriríamos mal alguno».[20] El trágico final del rey se vincula a la defensa de la tierra, que ahora pertenece a los ciudadanos, con una nueva protección divina, y el nombre de Erecteo, así como su templo, queda vinculado a Poseidón.[21] El relato mítico no solo se reproduce en las gestas de los rapsodas y en los discursos de los oradores, sino que también queda fijado espacialmente en la ciudad en el Erecteón, al norte de la Acrópolis, donde se encuentra el olivo de Atenea. El templo recuerda a los ciudadanos que, en un tiempo lejano —un tiempo mítico—, el hijo de la virgen Atenea sacrificó a su propia hija y entregó su vida por conservar la ciudad. También las fiestas en honor de la diosa, las Panateneas, que se celebran en la Acrópolis, invocan la figura de Erictonio, quien, según Apolodoro, fue su promotor.[22] De forma análoga se recuerda al rey autóctono en el Cerámico, el espacio reservado para los funerales públicos donde se entierra a los ciudadanos que han servido

18. N. Loraux, *Las experiencias de Tiresias. Lo masculino y lo femenino en el mundo griego*, Barcelona, Acantilado, 2004, pp. 139-169.

19. Demóstenes, «Discurso fúnebre», en *Discursos políticos*, vol. II, Madrid, Gredos, 1985, 27.

20. Eurípides, «Erecteo», en A. Martínez Díaz, *Erecteo*, Granada, Universidad de Granada, Instituto de Historia del Derecho, 1976, pp. 115-123.

21. N. Loraux, *Nacido de la tierra. Mito y política en Atenas*, Buenos Aires, El Cuenco de Plata, 2007, p. 51.

22. Apolodoro, *Biblioteca, op. cit.*, III, 14, 6.

a la democracia ateniense.[23] Así, los dos lugares centrales de Atenas, la Acrópolis y el Cerámico, donde se celebra la vida y se rinde homenaje a la muerte, están para siempre ligados al mito de autoctonía. Este queda inscrito en el espacio cívico, en los templos y en las representaciones en el Ágora y anima a los ciudadanos a que sus acciones honren la vida del primer autóctono. Su historia impregna todos los ámbitos de la vida ateniense y proporciona, además de orientación cívica, un relato sobre la singularidad de la ciudad y de sus ciudadanos.

2. Los fundamentos de la autoctonía ateniense

El nacimiento de Erictonio da comienzo al mito de autoctonía que dota de unidad originaria a la *pólis*.[24] Los ciudadanos atenienses se vinculan *hic et nunc* con el origen común que es, después de Erecteo, un nacimiento común *(koiné génesis)* que se ensalza recurrentemente en los elogios fúnebres *(epitáphioi)* para recordar la nobleza de su linaje.[25] Esta nobleza, en pocas palabras, obedece a dos acontecimientos: haber nacido de la tierra y no haberse desplazado a otras poblaciones —lo que habría implicado una mezcla del linaje—. El nacimiento común de la tierra y poder habitarla sin necesidad de migrar hacia otros lugares hace de los atenienses un pueblo único, un pueblo autóctono. Pero el mito cívico de autoctonía también nos dice algo de la *pólis*. Atenas es una ciudad indivisible en la que lo mismo nace de lo mismo y en la que se da una equivalencia entre la tierra y los ciudadanos. La ciudad es su

23. N. Loraux, *La invención de Atenas. Historia de la oración fúnebre en la «ciudad clásica»*, Buenos Aires, Katz, 2012, pp. 21-36.
24. Se ha optado por mantener el término griego en lugar de alguna de sus traducciones para reconocer su particularidad, que no es reconducible ni a la figura de la ciudad ni a la del Estado. Cf. S. Mas, *Ethos y Pólis: una historia de la filosofía práctica en la Grecia clásica*, Madrid, Istmo, 2003.
25. Cf. N. Loraux, *Los hijos de Atenea, op. cit.*, pp. 62 ss.

tierra y sus ciudadanos; el nacimiento de Erictonio inaugura el orden cívico que reconoce a los hombres como ciudadanos legítimos del suelo de la patria. No solo su nacimiento, también la muerte de Erecteo, enterrado en la hendidura abierta en el suelo por el tridente de Poseidón, permite cerrar el círculo en el que quedan encerrados los ciudadanos atenienses. El nacimiento y la muerte del primer autóctono establecen la relación de parentesco de los hombres atenienses con su ciudad y con la diosa Atenea. La doble naturaleza de Erictonio, nacido de la tierra, sí, pero con intervención divina, asegura el linaje de los atenienses y establece el criterio que permite a estos diferenciarse del resto de los griegos.

Nacer de la tierra

La referencia al linaje de los atenienses encuentra un lugar privilegiado en la oración fúnebre. En ella se exalta el buen nacimiento no solo de los aristócratas, sino del conjunto del *dêmos* y, especialmente, de aquellos que, siguiendo las enseñanzas de Erecteo, murieron por defender la ciudad. Por eso los discursos fúnebres, además de las referencias estrictamente históricas al momento en el que acontecen, narran el pasado glorioso y proyectan su sombra sobre el futuro de la ciudad. Los *epitáphioi* dan testimonio del enraizamiento del género en la historia de la ciudad y, a la vez, de la intransigencia de la palabra oficial a ciertas transformaciones —en nombre de la perennidad de la virtud de la *pólis*—.[26] La oración fúnebre y la ciudad se mantienen unidas en una relación de ósmosis: los *epitáphioi* recuerdan a la ciudad su noble origen y, al mismo tiempo, Atenas influye en el curso de las oraciones requiriendo la implementación de la ideología oficial del momento. El discurso fúnebre es el cruce del quiasma

26. N. Loraux, *La invención de Atenas, op. cit.*, p. 35.

formado por la historia real y la historia mítica, el encuentro entre el tiempo cronológico y el recuerdo inmemorial, la intersección entre el hombre de carne y hueso y la figura mítica que debe servir de ejemplo. Un discurso que se dirige a los tres tiempos verbales: pasado, presente y futuro, y que, no obstante, evita hacer referencias a nombres propios. Una oración, en pocas palabras, que se hace por y para la ciudad en su conjunto.

El elogio fúnebre celebra el origen de sus hombres, nacidos de la tierra, y hace descansar en este evento parte de la justificación de la superioridad del linaje ateniense. Así lo señala Demóstenes en su oración fúnebre: «[...] no solo es posible hacerles remontar su linaje, a ellos y a cada uno de sus remotos progenitores, hasta la generación de un padre, sino hasta la patria en su totalidad, que en común les pertenece, de la cual se admite que son originarios».[27] Una raza, la de los hijos de Erecteo, que es la mejor y más bella de entre los hombres —refiere Critias que le dijo un sacerdote muy anciano a Solón—, de la que él y toda la ciudad descienden.[28] A diferencia de las otras tribus, los antepasados atenienses vivieron siempre en la tierra de la que nacieron. Son estos antepasados, más nobles y más justos que los del resto de los griegos —nos dice Aspasia de Mileto, quien compuso la oración fúnebre que leyó Pericles—, los que han transmitido a sus descendientes la tierra libre y la obligación de defenderla. Los discursos fúnebres recuerdan a los vivos, a través del elogio de los muertos, su «nobleza de nacimiento *(eugéneia)*».[29] Estos, como insiste Platón, hacen unas alabanzas tan bellas de la ciudad de Atenas y, por tanto, de los atenienses, que «hechizan nuestras almas».[30]

27. Demóstenes, «Discurso fúnebre», *op. cit.*, 4.
28. Platón, «Timeo», *op. cit.*, 23b.
29. Platón, «Menéxeno», en *Diálogos*, vol. II, Madrid, Gredos, 1987, 237b.
30. *Ibid.*, 235a. Sobre el uso del relato para la construcción política del Estado y su estrecha vinculación con los discursos humorísticos, cf. I. de los Ríos, «¿De qué se ríen los guardianes? La impenetrabilidad del *oikos* y el riesgo de la minucia en la República de Platón», en J. Lavilla de Lera y J. Aguirre

Los *epitáphioi* ensalzan la ciudad, elogian a los muertos, pero, sobre todo, celebran a los vivos. Son un panegírico de la ciudad que destaca su nobleza y la de sus ciudadanos, «hijos y alumnos de los dioses».[31] Con sorna, Platón ridiculiza los discursos fúnebres y recoge los puntos comunes de este tipo de intervenciones públicas. En el discurso fúnebre que Platón presenta en boca de Sócrates y que, según nos dice, le había enseñado Aspasia, que también enseñó retórica a Pericles, se insiste en que «los hijos de esta tierra», educados por los dioses que ya conocemos,[32] fueron enseñados para proteger su tierra y así honrar su «noble cuna».[33] Una gesta a la ciudad que coincide en honrar a los muertos y loar a los vivos que han nacido «con tanta nobleza y autenticidad»[34] como la tierra de la que proceden. Solo los atenienses, nos dice Isócrates, son autóctonos y mantienen una relación íntima de parentesco con su ciudad, por eso son «ciudadanos legítimos de su patria por nacimiento»[35] y es justo que se recuerde su noble linaje.

El rasgo diferencial de Atenas respecto a otras ciudades-estado griegas no puede comprenderse sin la nobleza del nacimiento de sus ciudadanos. Y este nacimiento es performativo: son nobles por haber nacido de nobles, «valientes lo fueron por haber nacido de valientes».[36] Por eso en la oración fúnebre cuando se rinde homenaje a los antepasados se alaba a los vivos, porque existe una identificación de lo mismo con lo mismo, es decir, de los atenienses pasados, presentes y futuros. También Pericles en su discurso fúnebre hilvana vivos y muertos con la nobleza compartida

Santos (ed.), *Humor y filosofía en los diálogos de Platón*, Barcelona, Anthropos, 2021, pp. 271-281.

31. Platón, «Timeo», *op. cit.*, 24d.
32. Como recuerda Platón (328b), en las ceremonias fúnebres se omitía al nombre de los dioses olímpicos.
33. Platón, «Menéxeno», *op. cit.*, 239b.
34. Isócrates, «Panegírico», *op. cit.*, 24.
35. Demóstenes, «Epitafio», *op. cit.*, 5.
36. Platón, «Menéxeno», *op. cit.*, 237a.

de un mismo nacimiento de la tierra: la nobleza de los antepasados, que habitaron la misma tierra y no se mezclaron, sigue estando en sus descendientes.[37]

En el mito de autoctonía ateniense se entrelazan las formulaciones contemporáneas del derecho de suelo y el derecho de sangre. La brizna de lana manchada de semen que Atenea tira al suelo de la Acrópolis inaugura un relato sobre la autoctonía que reconoce como habitantes legítimos solo a aquellos hombres que comparten padres —sangre— y tierra —suelo—. La ciudad se mantiene idéntica a sí misma y no se deja corromper por el paso del tiempo a condición de que los atenienses conserven el privilegio del noble nacimiento, es decir, bajo el requisito de que los hijos protejan el legado inmaculado de los padres. Así, para evitar que los hijos de un nacimiento noble se mezclen con otros hombres y corrompan su propia descendencia, lo que implicaría la perversión de la ciudad, los discursos fúnebres insisten en otro pilar fundamental para la protección del linaje: la conservación de la pureza.

Permanecer en la tierra

La nobleza ateniense está indisociablemente ligada al hecho de no haber tenido que migrar. A diferencia del resto de las tribus griegas, los Erecteidas no salieron de la tierra en la que habían nacido ni se mezclaron con otros pueblos. Solo de esta forma el don del noble nacimiento pudo ser preservado para sus descendientes, hijos de padres atenienses y madres que eran hijas de padres atenienses.[38] El nacimiento y la muerte de Erecteo en

---

37. Tucídides, *Historia de la guerra del Peloponeso, op. cit.,* II, 36, 1-2.
38. Sobre la cuestión de la mujer en Atenas y su exclusión de la esfera política y, por tanto, de la noción de ciudadanía, véase N. Loraux, *Los hijos de Atenea, op. cit.,* pp. 95-154.

suelo ateniense son imitados por todos sus descendientes, los habitantes de Atenas. Haber nacido de la tierra no es condición suficiente para asegurar la nobleza del linaje, la alcurnia de nacimiento debe conservarse para las siguientes generaciones de atenienses y el único modo de garantizarla es protegiéndose del mestizaje, evitando el contacto —especialmente el reproductivo— con otras tribus y permaneciendo en la tierra que es madre, patria y nodriza. El hecho de no haber tenido que desplazarse a otros lugares adquiere un papel central en el mito de autoctonía que reclama para sí un noble linaje. Así, desde este punto de vista, permanecer en la tierra en la que se nació, frente a otras poblaciones que se desplazaron, hace que la historia del pueblo ateniense sea más justa.

La exaltación de la superioridad del linaje ateniense esconde, a veces no muy sutilmente, una condena del mestizaje y la migración. Así lo debió entender Lisias cuando en su discurso fúnebre señaló que los inicios de la historia de Atenas fueron justos puesto que «no se reunieron de muchos lugares, como la mayoría, y expulsaron a otros para habitar su tierra. Al contrario, eran autóctonos y la poseían como madre y patria».[39] La procedencia de los atenienses de la propia tierra en la que viven legitima la superioridad de la ciudad de Atenas; una procedencia que «no era foránea ni hacía de sus descendientes unos metecos en el país al que habían venido desde otro lugar».[40]

En Platón, como en Heródoto, estamos lejos de la esfera estrictamente mítica. Tomar como punto de referencia el nacimiento mítico de Erictonio y el reinado de Erecteo permite justificar políticamente la superioridad de Atenas. Precisamente por eso, Heródoto no duda en conectar, como Platón, ambos acontecimientos: «de nada nos serviría poseer la mayor fuerza

---

39. Lisias, «Discurso fúnebre en honor de los aliados corintios», en *Discursos*, vol. I, Madrid, Gredos, 1988, 17.
40. Platón, «Menéxeno», *op. cit.*, 237b.

naval de Grecia, si, siendo como somos atenienses, cediéramos el mando a unos siracusanos, cuando constituimos el pueblo más antiguo de la Hélade y somos los únicos griegos que no hemos cambiado de país».[41] Los atenienses celebran el no haber tenido que migrar: su grandeza es el resultado de haber permanecido en el suelo del que nació su ancestro y en el que fue criado y educado por Atenea. Ante dos formas de habitar la tierra, una centrada en el arraigo y otra basada en la errancia, Atenas privilegia la inmovilidad y la identidad de lo mismo, la raíz que hundida en la tierra no se trasplanta.

Pero no se trata únicamente de loar la autoctonía de los atenienses, sino, sobre todo, de que esta no puede comprenderse sin la expulsión y el rechazo de los otros pueblos; la superioridad de los atenienses precisa de la inferioridad de las otras ciudades. Por eso, en su particular elogio fúnebre, Aspasia de Mileto, según el diálogo socrático referido por Platón, insiste en la pureza de su pueblo y en la natural hostilidad a su contrario, el bárbaro que no cesa de mezclarse.[42] Para conservar la autoctonía, además de no abandonar y proteger la tierra de la que se nace, se impone un segundo criterio de obligado cumplimiento, implícito pero imperativo, que es el rechazo al bárbaro en todas sus formas. Así, honrar a los que le precedieron conlleva para el ateniense una promesa de mantener la pureza que le fue dada, en forma de linaje, alejada del contacto con el bárbaro. La expulsión del bárbaro es un elemento recurrente sobre el que se construye la identidad ateniense, pues, como recuerda Aspasia en el diálogo platónico, hubo un tiempo en el que los bárbaros trataron de usurpar ese territorio, que tuvieron que defender sus padres, «los hijos de esta tierra».[43] De esta forma, el relato fundacional de Atenas se presenta bajo el signo de lo propio, en la conservación

41. Heródoto, *Historia,* vol. VII, Madrid, Gredos, 1985, 161, 3.
42. Platón, «Menéxeno», *op. cit.*, 245d.
43. *Ibíd.*, 239d.

de la estirpe que habita un suelo que repele, a veces con pocos hombres, a «un gran número de bárbaros».[44]

El ateniense mantiene una relación con la tierra de la patria de tipo vertical, de arraigo y enraizamiento, como ejemplifica la hendidura de Poseidón, que permite que los atenienses se erijan sobre los cimientos en el suelo hollado. El bárbaro, por el contrario, solo puede encontrarse con la tierra en la errancia, como un «vil exiliado»,[45] dice Homero, condenado a vagar por las tierras de los otros sin poder echar raíces, privado de honores. Los atenienses saben que están protegidos por la ciudad, especialmente aquellos más débiles, los ancianos que perdieron a sus hijos y los niños que se quedaron sin sus padres, hombres que perecieron por defender a Atenas. En consecuencia, nos enseña Platón,[46] abuelos y niños son mantenidos y educados por la ciudad, que cuida de ellos con el amor de una madre y celebra en los actos públicos, como en las oraciones fúnebres, las hazañas de sus padres. Y así, en el Cerámico, las tumbas susurran a los vivos para recordarles que el pasadizo entre la vida y la muerte es estrecho, pero transitable por los elogios fúnebres.

La *pólis* eterna

El mito de autoctonía no es solo un relato que remite a un pasado ficcional y remoto, sino, sobre todo, uno que ilumina y dirige el presente ateniense como si se tratara de un pasado no muy lejano. En la ciudad, el pasado en el que nació Erictonio domina el presente. El pasado próximo es poco cultivado en favor del pretérito mítico y, como se lamenta Demóstenes en su oración fúnebre, esto hace que las acciones heroicas que están más próximas en el

---

44. Platón, «Menéxeno», *op. cit.*, 241b.
45. Homero, *Ilíada, op. cit.*, IX, 648; XVI, 59.
46. Platón, «Menéxeno», *op. cit.*, 248d-e.

tiempo no hayan sido «narradas en forma de mito ni elevadas al rango de lo épico».[47] La fundación de la ciudad de Atenas no es gradual ni casual, se da de una vez y para siempre, bajo el signo de un acontecimiento que será rememorado espacialmente —en el Ágora, en el Cerámico o en el Erecteón— y discursivamente —en las obras teatrales, en los discursos políticos o en los elogios fúnebres—. El origen de la ciudad, con el nacimiento del primer autóctono y la intervención divina, se inscribe en el plano de lo permanente. Así, después de no haber permitido la incursión de la alteridad en las prácticas de la ciudad, en ella solo interviene lo idéntico a sí mismo que, como insistía Aspasia en el dialógo platónico, se ha mantenido puro y sin mezclar. Los extranjeros pueden habitar en Atenas, su presencia es tolerada, incluso bien recibida, pero su condición de metecos les impide entrometerse en los asuntos de la ciudad, temas reservados exclusivamente a los ciudadanos. De esta forma, la presencia de los extranjeros residentes pone de relieve la separación existente entre la frontera territorial, que puede traspasarse, y la barrera cívica, que impide su participación en los asuntos de la ciudad. Los metecos habitan Atenas sin intervenir en su gobierno, como también hoy los extranjeros con permiso de residencia viven en España sin participar en las elecciones autonómicas, generales y europeas —aunque sí pueden hacerlo en las municipales en el caso de que haya un acuerdo recíproco entre España y el Estado de origen—.

La exclusión de los metecos de los asuntos de la ciudad justifica que Atenas, que solo ha gozado de la participación de sus ciudadanos legítimos, emparentados con la divinidad de la ciudad y con la tierra, se mantenga idéntica a su origen. A pesar de los decesos y los nacimientos, los ciudadanos atenienses siguen siendo los mismos porque, como hemos visto con Platón, estos no se han mezclado y han preservado su pureza. Así lo entiende tam-

47. Demóstenes, «Discurso fúnebre», *op. cit.*, 9.

bién Aristóteles cuando se pregunta por la conveniencia de que haya más de una raza en una ciudad y concluye que siempre que sean unos mismos habitantes los que pueblen el mismo lugar, es decir, siempre que se conserve el linaje de aquellos que la habitan, hay que reconocer que la ciudad es la misma.[48] El mito del origen de la *pólis* y de sus miembros responde a la pregunta por el futuro de la ciudad: esta no sufre alteraciones porque sus miembros son siempre los mismos, ciudadanos legítimos que no se han mezclado con extranjeros y, por tanto, conservan la estirpe heredada de Erictonio sobre la que se funda la ciudad. Desde este punto de vista, la ciudad se inscribe en un tiempo que no es el cronológico: ella misma, su *archē* y su autoctonía, es el fundamento que se encuentra en su origen. La tiranía del reloj no encuentra su espacio en Atenas, que celebra su *aión*,[49] su vivencia en el tiempo eterno, sin origen ni final. Y seguramente por esto no debe sorprendernos que sea precisamente la perennidad de Atenas el tema con el que comienzan los versos que Solón dedica al buen gobierno *(eunomía)*, que celebra que la ciudad «no va a perecer jamás por designio de Zeus ni a instancias de los dioses felices».[50]

En los discursos que se hacen en y para la ciudad —y para sus nobles ciudadanos— se acentúa el lugar privilegiado que ocupa Atenas como *pólis* inmemorial y eterna. La exaltación de la pureza del *génos* ateniense ofrece a la ciudad la posibilidad de inscribirse en un tiempo eterno sustraído de las modificaciones temporales. El ateniense, hombre autóctono que conserva y protege su linaje, asegura la sucesión de la ciudad o, más bien, garantiza su inmortalidad. Así, la eternidad de Atenas, su permanencia en el tiempo eterno del *aión*, solo es posible si se protege el linaje autóctono que dio origen a la ciudad. El orgullo y el

---

48. Aristóteles, *Política*, Madrid, Gredos, 1988, 1276a 6.
49. N. Loraux, *Los hijos de Atenea, op. cit.*, p. 62.
50. Solón, «Eunomía», en C. García Gual, *Antología de la poesía lírica griega. Siglos VII-IV a. C.*, Madrid, Alianza, 1998, p. 42.

honor de Atenas reside en la conservación de la autoctonía, que, con cada nueva generación de atenienses, rememora y renueva el parentesco que une a Erictonio, a Atenea y a la tierra cívica. El ateniense no puede huir del paso del tiempo y desaparece en el Cerámico, como Erecteo; pero la ciudad, Atenas, se conserva imperecedera en el tiempo eterno. Quizá por eso Pericles, en su discurso fúnebre, comienza con un elogio al sacrificio cívico de los servidores públicos que dieron su vida para que la ciudad fuera «completamente autosuficiente *(autarkestátên)*».[51] La eternidad de Atenas la confirman las acciones heroicas de sus ciudadanos, que se reivindican como dignos descendientes de Erecteo y no temen encontrar la muerte por defender a su ciudad. Así, no es solo el nacimiento de Erictonio de la tierra de la patria, sino su incesante renovación en la vida de sus descendientes, que son siempre los mismos, lo que permite que Atenas se distinga del resto de las ciudades. La autoctonía, conservada y preservada por sus ciudadanos, confiere a Atenas su especificidad, pero también, como veremos, justifica su régimen político.

3. Consecuencias políticas de la autoctonía ateniense

Igualdad ante la ley

El mito de autoctonía no solo permite explicar el origen de una vez y para siempre de Atenas, su permanencia a través de la conservación del linaje o la legitimidad de los hijos de Erecteo para habitar el suelo cívico, sino que también tiene implicaciones políticas. La autoctonía contribuye a naturalizar el régimen democrático ateniense: este no es simplemente una forma de gobernanza política, sino la consecuencia lógica de Erecteo, el

51. Tucídides, *Historia de la guerra del Peloponeso, op. cit.*, II, 36, 4.

antepasado compartido por los atenienses. La causa del sistema político ateniense es la igualdad de nacimiento *(isogonía);* la igualdad ante la ley *(isonomía)* depende de ese linaje común que atesoran los atenienses. Las otras ciudades, integradas por ciudadanos de linajes diferentes y procedencias desiguales, se ven abocadas a que sus formas de gobierno también sean desiguales en el reparto de poder, como las tiranías y las oligarquías. Los atenienses, en cambio, no pueden aceptar la desigualdad política entre ellos porque todos descienden del mismo infante que en un tiempo lejano cuidó Atenea. Así, señala Aspasia en el diálogo platónico, el desenlace inevitable de la igualdad de nacimiento es la igualdad política; «la igualdad de nacimiento *(isogonía)* según naturaleza nos obliga a buscar una igualdad política *(isonomía)* de acuerdo con la ley».[52] La democracia como forma de gobierno se naturaliza y no es más que el resultado de esta reiterada apelación al *génos* ateniense.

La autoctonía se convierte en el *tópos* fundador del discurso sobre la ciudad —que se narra en los discursos fúnebres, en los poemas épicos y en los tratados políticos— que legitima la igualdad ante la ley de los ciudadanos a la vez que excluye a los metecos y esclavos. Esto no quiere decir que los atenienses no reconocieran u olvidaran a los tiranos que habían gobernado la ciudad, como Pisístrato y sus hijos Hipias e Hiparco, sino, más bien, que encontraron en la autoctonía una fuente de legitimación de una nueva forma de gobierno, pues, como insiste Lisias, los atenienses «fueron también los primeros —y los únicos— en derrocar en aquella época a las oligarquías establecidas entre ellos e instituir la democracia, porque consideraban que la libertad de todos constituye la mayor concordia».[53] Así, se reitera en el diálogo platónico, el parentesco real de los ciudadanos garantiza una amistad sólida

---

52.   Platón, «Menéxeno», *op. cit.,* 239a.
53.   Lisias, «Discurso fúnebre en honor de los aliados corintios», *op. cit.,* 18.

«no de palabra, sino de hecho»: la excepcionalidad de su condición autónoma justifica la singularidad de su régimen político.[54] Ahora bien, ninguna figura mítica representa esta unión entre *isogonía* e *isonomía* mejor que Teseo. A este se le reserva el privilegio de inaugurar en Atenas la igualdad ante la ley, pero también, como recuerda Esquilo, la igualdad en el uso de la palabra en público, la *isegoría*.[55] Como ocurre con Ión en la tragedia homónima de Eurípides, también Teseo es un hijo nacido «de un modo ilegítimo».[56] Según esta versión, Teseo, cuyo linaje paterno se remonta hasta Erecteo, es el héroe, felizmente emparentado con Atenas, que lleva a la ciudad el régimen democrático. Teseo es hijo de un ateniense y, por tanto, ateniense también él, que se cría fuera de Atenas, en Trecén, y que regresa a su verdadera ciudad cuando su madre le revela el origen. Para justificar la gloria y el honor otorgado a Teseo, los diferentes relatos míticos coinciden en la sucesión de penurias que el hijo de Egeo tuvo que afrontar en su camino de vuelta a casa —una en la que nunca había estado, pero que siempre fue su hogar—.

Ahora bien, más allá de sus hazañas, lo que nos interesa son las políticas que Teseo implementó cuando se hizo con el poder en Ática tras la muerte de su padre, según nos cuentan historiadores y poetas. A él se le atribuye el proceso de sinecismo *(synoikismós)*,[57] que consiguió reagrupar a todos los atenienses que habitaban en el campo y la instauración de un Estado democrático sin rey, basado en la participación igualitaria.[58] Si creemos a Tucídides, y no parece que tengamos motivos para no hacerlo, este régimen político de la participación igualitaria, que no depende de unos pocos sino de la mayoría, convirtió a Atenas en

54. Platón, «Menéxeno», *op. cit.*, 244a.
55. Esquilo, «Las suplicantes», en *Tragedias*, Madrid, Gredos, 1993, 352.
56. Plutarco, *Vidas paralelas*, vol. I, *op. cit.*, I, 2, 1.
57. Tucídides, *Historia de la guerra del Peloponeso*, *op. cit.*, II, 15.
58. Plutarco, *Vidas paralelas*, vol. I, *op. cit.*, I, 23, 1-3.

un modelo a seguir.[59] Una ciudad reunida por la intervención de Teseo bajo el criterio de la autoctonía: los favoritos de Atenea, hasta entonces desperdigados, se congregan en su ciudad, aquella con la que están emparentados, para regirse por los principios de *isonomía* e *isegoría*, igualdad de derechos e igualdad en el uso de la palabra, como ciudadanos libres.[60]

¿Pero en qué consistió, históricamente, ser un ciudadano ateniense bajo el régimen democrático? Al comienzo de sus *Vidas paralelas*, Plutarco se lamenta del reto que supone el deshacerse de los relatos míticos que acompañan a las biografías griegas para dar paso a la historia.[61] No podemos reclamar a Plutarco su insistencia en trazar una frontera infranqueable entre el mito y la historia, pero nosotros sabemos, gracias a todos los historiadores que vinieron después, que mito e historia estuvieron estrechamente relacionados. El potencial ideológico y las consecuencias de la configuración político-intelectual del mito de autoctonía se perciben en la forma de hacer política y, en ese camino de ida y vuelta, las medidas políticas adoptadas en cierto momento histórico intervienen en la construcción del relato mítico. Historia, política y mitología aparecen en un complejo entramado en el que es difícil comprender los productos de una disciplina sin la íntima solidaridad que los une a los textos de las otras.

Sabemos que las reformas sociales de Solón en el año 594 a.C. no instauraron el régimen democrático, pero asentaron las bases para que casi un siglo después, en el 508 a.C., lo hicieran las reformas de Clístenes. Y, sin embargo, si atendemos a la legislación de Solón que reguló la devolución de la ciudadanía a los desterrados, encontramos las raíces del mito de autoctonía en la justificación del legislador: «Y reconduje a Atenas, que por patria les dieron los dioses, a muchos ya vendidos, uno justa y otro injusta-

59. Tucídides, *Historia de la guerra del Peloponeso*, op. cit., II, 37, 1.
60. *Ibid.*, II, 37, 2.
61. Plutarco, *Vidas paralelas*, vol. I, op. cit., I, 1, 5.

mente, y a otros exiliados por urgente pobreza que ya no hablaban la lengua del Ática, de tanto andar errantes».[62] La defensa de Solón para permitir la vuelta de los ciudadanos que habían sido expulsados fue que estos, justa o injustamente, habían sido privados de la patria que les habían concedido los dioses. El estatus de ateniense, otorgado a través de la pertenencia al linaje de Erictonio, prevalece frente a la medida política del destierro. Así, cuando legisló para que aquellos ciudadanos que ante un conflicto no se posicionaran fueran proscritos (atimós)[63] —como a Dante, no le gustaban los pusilánimes—, reconoció que estos no podían perder su condición de atenienses. El ciudadano al que se le infligía la atimía (literalmente, privado de honor, desposeído de privilegios) se le despojaba, parcial o totalmente, de sus derechos civiles.[64] Sin embargo, el atimós, el ciudadano privado de participación política, sí conservaba su ciudadanía y la podía transferir a sus hijos.

Como sucedía en el diálogo platónico, se castiga a aquellos que ceden a su dolor, a aquellos que se mantienen impertérritos ante lo que sucede en su patria y no honran a sus antecesores.[65] La igualdad ante la ley, como veremos con Clístenes, implica también un reconocimiento por parte de los ciudadanos de su vinculación con la patria, a la que no pueden deshonrar bajo pena de ser expulsados del régimen político. Así, en el siglo V a.C. se multiplican los relatos que elogian no solo a la patria, sino a todos sus nobles hombres que hicieron aportaciones relevantes a ella. Heródoto, en su particular repaso de la historia griega, introduce una anécdota a propósito de Solón que ejemplifica a la perfección

62. Solón, «Eunomía», op. cit., p. 46.
63. Plutarco, Vidas paralelas, vol. II, Madrid, Gredos, 2008, I, 20.
64. Como señala Alberto Bernabé en su edición de la Constitución de los atenienses (Madrid, Abada, 2005), en época arcaica la persona a la que se le infligía la atimía perdía sus derechos como persona, de modo que incluso se le podía dar muerte sin incurrir en delito —es decir, se convertía en lo que más tarde los romanos llamarían homo sacer—.
65. Platón, «Menéxeno», 247d.

el orgullo ciudadano de ser ateniense, el honor de ser puros y estar emparejados con los dioses. Así, nos cuenta Heródoto, cuando Solón se encontró con Creso, último rey de Lidia, este le preguntó si había visto al hombre más dichoso del mundo, a lo que Solón respondió afirmativamente con el nombre de Telo de Atenas, un ciudadano corriente. La justificación que ofreció Solón fue que este había vivido y trabajado por su ciudad y había muerto gloriosamente en la batalla librada en Eleusis, lo que le garantizó una sepultura pública con grandes honores.[66] Ante un rey y su opulencia, un anónimo ciudadano ateniense puede ser más feliz.

Aunque las medidas de Solón en cuanto al sinecismo y la recuperación de los ciudadanos atenienses que habían sido vendidos como esclavos fueron sin duda revolucionarias —así como la cancelación de las deudas, lo que impedía el embargo de personas por lo adeudado—, no es hasta las reformas de Clístenes cuando podemos hablar de *isonomía* e *isegoría*. Tras la tiranía de los Pisistrátidas, Clístenes «convocó al pueblo sobre la base de la entrega del Estado a las masas».[67] Entre las diferentes reformas que introdujo en la ciudad, nos interesa particularmente aquella según la cual convirtió en miembros de un mismo *demo* —agrupación que formaba parte de cada una de las diez tribus propuestas por Clístenes— a ciudadanos atenienses de diferentes clases. De esta forma, según Aristóteles, al sustituir el nombre familiar por el del *demo* se evitaba poner en evidencia a los ciudadanos «de nuevo cuño». Estas medidas que introducían la igualdad plena de derechos y el uso de la palabra supusieron, en la lectura de Heródoto, un bien preciado que permitió que los atenienses, al desembarazarse de sus tiranos, alcanzaran una superioridad respecto al resto de las ciudades que no trataban a sus ciudadanos como iguales.[68] Desde esta perspectiva, las reformas políticas de Clístenes en el

66. Heródoto, *Historia*, vol. I-II, Madrid, Gredos, 1992, I, 30 ss.
67. Aristóteles, *Constitución de los atenienses*, op. cit., 20, 2.
68. Heródoto, *Historia*, vol. V-VI, Madrid, Gredos, 1981, V, 78.

siglo VI a.C. ofrecen el marco para pensar la ciudadanía en el siglo V a.C., que se narra con el lenguaje de la autoctonía. El ejercicio del poder, del que son privados los extranjeros, las mujeres y los esclavos, establece quién es un ciudadano. Por eso, cuando Aristóteles se lamenta de la integración de extranjeros y esclavos metecos en las tribus de Clístenes, no se plantea si estos son o no ciudadanos, sino más bien si lo son por ley o por naturaleza, de palabra o de obra, «justa o injustamente».[69]

Exclusión de los extranjeros

Los metecos eran los extranjeros libres residentes en una *pólis*. En su forma arcaizante, *métoikos* testimonia la yuxtaposición de los términos *metá* y *oîkos:* el que traslada su casa, su residencia, el que emigra, pero también el extranjero residente. A partir de las reformas de Clístenes, los metecos *(métoikoi)* de Atenas debían tener un protector ateniense *(prostátês)* que les ofreciera alojamiento, pues no tenían permitido poseer terrenos en la ciudad. La *enktēsis*, el derecho a tierra y casa privada, estaba reservada exclusivamente a los ciudadanos atenienses. Además, los metecos tenían un impuesto especial por residencia *(métoikion)* y otro para poder comerciar en el Ágora, pero, sobre todo, su estatuto estaba definido en contraste con la participación política del ciudadano ateniense. Este era el principal rasgo de su discriminación: la exclusión de la esfera política, de la participación en el gobierno y en las magistraturas, que le hacía acercarse a una condena permanente de *atimía*. Los no-ciudadanos, los residentes extranjeros, es decir, aquellos que no compartían como antepasado a Erecteo, debían mantenerse alejados de la esfera política.

El espacio de discusión de la Acrópolis estaba reservado a aquellos emparentados con el primer autóctono que salió de la

---

69. Aristóteles, *Política, op. cit.*, III, 1275 b 2.

tierra —y que ahora descansa en ella—. Esto es lo que se señala en la tragedia de Eurípides cuando el Coro pide que «jamás un intruso, salido de otra casa, reine sobre la ciudad, si no es de la cepa de los nobles erecteidas [...]».[70] El extranjero, tolerado e integrado en la vida de la *pólis*, sin embargo, debe mantenerse alejado de la participación política en la Acrópolis bajo riesgo de introducir en la ciudad una alteridad que corrompa la pureza ateniense. Consecuentemente, el estatus de ciudadanía, más que una cuestión política, es, a partir del siglo V a.C., un tema de sangre. Si las reformas de Solón y Clístenes en el siglo VI a.C. permitieron el acceso a la ciudadanía de varios extranjeros residentes y atenienses desterrados, en el siglo V a.C. adquirir el estatus de ciudadanía se volvió un proceso mucho más restrictivo. El marco de estos obstáculos lo proporcionó el mito de autoctonía, que volvía *más* legítimos y *más* ciudadanos a aquellos que tenían vinculación con la tierra y la sangre de Atenas que a aquellos que habían adquirido la ciudadanía por una reforma.

Bajo el arcontado de Antídoto, en el 451 a.C., con motivo del gran número de ciudadanos atenienses, se decidió, a propuesta de Pericles, «que no disfrutase de la ciudadanía quien no fuera hijo de padre y madre ciudadanos».[71] Así, los hombres que obtuvieron su ciudadanía por medio de reformas políticas, dice Demóstenes, son semejantes a los hijos adoptivos, *menos* hijos y *menos* fundados que los naturales, que son «legítimos de su patria por nacimiento».[72] La sangre que se transmite en el nacimiento —el parentesco con Atenea— es la verdadera fuente de legitimidad de la ciudadanía ateniense y permite pensar la ciudad como una, indivisible y en paz consigo misma.[73] De esta forma, solo la sangre asegura que la ciudad no se corrompa y, por eso, la inter-

70. Eurípides, «Ión», *op. cit.*, 1058-1060.
71. Aristóteles, *Constitución de los atenienses, op. cit.*, 26, 4.
72. Demóstenes, «Discurso fúnebre», *op. cit.*, 4.
73. N. Loraux, *La invención de Atenas, op. cit.*, p. 19.

vención en política se convierte en la barrera cívica que protege y conserva Atenas. Pero si solo hay legitimidad en la ciudadanía transmitida por nacimiento, si los ciudadanos legítimos *(gnēsioi polîtai)* son aquellos que nacen ciudadanos *(génei polîtai)*, entonces, como sugiere Loraux, los otros —los metecos, los esclavos y los ciudadanos adoptivos— no han nacido.[74] Y es que la participación política no es solo lo que define al legítimo ciudadano, sino también, en un sentido más amplio, lo que determina qué es un hombre según la formulación aristotélica del *zôion politikón*, es decir, del animal cívico o político. El extranjero residente, al que se le niega la posibilidad de intervenir en la Acrópolis, puede balbucir lo conveniente y lo perjudicial, pero sus palabras llegan a oídos sordos que no reconocen la legitimidad de quien las articula. Así, su voz se asemeja a la de los animales, que expresa placer y dolor, pero nunca se pronuncia sobre la justicia o la injusticia.[75]

*

La autoctonía ateniense es un mito narrado de muchas maneras —con Erictonio y Erecteo, con la tierra, Hefesto y Atenea— a lo largo de diferentes siglos. Sus enunciados, repetidos en los discursos fúnebres, en los textos filosóficos y en las obras teatrales, insisten en reiterar la única verdad que importa conservar: que los atenienses, y solo ellos, son verdaderos ciudadanos. Pero, sobre todo, el mito ateniense de la autoctonía introduce una lógica de la que más de veinticinco siglos después no hemos sabido, no hemos querido o no hemos podido desembarazarnos, a saber, que la forma perfecta de vinculación con el suelo cívico se produce a través de la sangre. La transigencia aparente con el extranjero, entonces y ahora, se detiene en el franquear la barrera cívica, que actúa como verdadera frontera simbólica dentro de los límites de la ciudad.

---

74. N. Loraux, *Nacido de la tierra, op. cit.*, p. 80.
75. Aristóteles, *Política, op. cit.*, 1253a.

2. Devenir romano: mezclar su sangre y su raza con otros hombres

1. La fundación de Roma

La fundación de Roma plantea un giro de 180 grados respecto al origen de Atenas. Si los atenienses tenían a Erictonio y Erecteo para inaugurar la historia de su ciudad y la autoctonía de sus ciudadanos, Roma cuenta con dos fundadores míticos, Rómulo, por un lado, y Eneas, por otro, para dar comienzo a su historia. Los padres de Roma no son hijos de la tierra, sino hombres errantes que se establecen en tierras lejanas y ofrecen asilo a otros vagabundos —también a criminales— como ellos.[1] Así, según el mito del origen romano, sus primeros ciudadanos no son más que pastores, convictos y apátridas en busca de un nuevo hogar. Esto no impide que los fundadores, Eneas de Lavinio y Rómulo de Roma, fueran hombres superiores, en contacto con lo divino, que realizaron gloriosas hazañas. Como ocurría en el origen mítico de Atenas, las narraciones sobre el comienzo de Roma buscan el

1. Para un examen de las diferentes versiones sobre la fundación de Roma que excede las figuras de Rómulo y Eneas, véase la narración de Rómulo que encontramos en Plutarco, *Vidas paralelas,* vol. I, Madrid, Gredos, 1985, 1-4. Además, para un exhaustivo análisis sobre el papel del fundador y la ciudad en el contexto de Roma, cf. J. Rykwert, *La idea de ciudad. Antropología de la forma urbana en el Mundo Antiguo*, Madrid, Hermann Blume, 1985, pp. 9-36.

equilibrio entre el mito y la historia, entre la creencia en una parte divina de Rómulo y Eneas y los acontecimientos pasados reales. El cruce en el que se encuentran el mito de Roma y la historia de la ciudad expone la lucha por la conquista que se da en ambos relatos. A la vez que el mito da forma a la historia y emplaza a los hombres que lo escuchan a actuar como los héroes cuyas hazañas son contadas, la historia acorrala al mito y lo obliga a tener en cuenta sus acontecimientos. De esta forma, los mitos permiten explicar un pasado próximo, quizá traumático, que los hombres se esfuerzan por comprender. Sin necesidad de recurrir a una lectura muy atenta, eso es lo que parece entreverse en la versión soterrada de la muerte de Rómulo, que menciona Tito Livio, y que hace que el padre fundador de Roma encontrara la muerte en manos de los senadores romanos —muerte que, sospechosamente, se parece mucho al asesinato de Julio César—.

Pero detengámonos en las versiones que hacen de Rómulo el padre fundador de Roma. Acerca del nacimiento de Rómulo y Remo existen diferentes versiones sobre las que no me extenderé demasiado. En este caso, podemos estar bastante de acuerdo con Tito Livio y con Cicerón en ejercitar un sano escepticismo ante la versión que quiere que Rea Silvia, madre de los gemelos, se embarazara virginalmente del dios Marte. Para el tema que nos ocupa, lo interesante del mito es que introduce elementos muy poco heroicos en la narración de la fundación de Roma —como el rapto de las sabinas o el asesinato de Remo—. Pero, sobre todo, para nuestro objeto de estudio es determinante el hecho de que los protagonistas de la historia, los primeros habitantes de la nueva ciudad, fueran criminales, refugiados y apátridas. Establecido en el Palatino, Rómulo abrió un asilo en la colina Capitolina al que se acogieron todo tipo de hombres. La práctica de asilo (*ásylon*), que permitía que la población marginal encontrara un refugio, inaugura la nueva ciudad destinada a convertirse en Imperio. Según Tito Livio, la apertura del asilo propició un aluvión de gentes de todas las clases y de todos los lugares que facilitó el crecimiento demográfico de Roma.[2] Una multitud en la que no se distinguía entre libres y esclavos, forasteros y apátridas, hombres rectos y criminales. Ahora bien, ¿por qué los romanos se contarían a sí mismos como descendientes «de una multitud oscura y de baja extracción»?[3]

Este es el aspecto de la fundación de Roma que puede resultar más difícil de entender: por qué los romanos quisieron dotar de gloria aquello que Atenas había despreciado. Y es que hay un esfuerzo por parte de historiadores, oradores y políticos romanos por encumbrar el desplazamiento, pero sobre todo el refugio que encontraron los vagabundos que fundaron la ciudad. Una excepcional prueba de este empeño nos la proporciona Dionisio de Halicarnaso, quien, situándose al abrigo de lo que otros dicen, sugiere que los habitantes de Roma previos a Rómulo, es decir, los aborígenes, en realidad eran *aberrigines*[4] —de *aberrare*, que significa andar errante— que habían estado siempre en movimiento. Así, los primeros romanos, incluso antes de que la ciudad se instituyera, eran ya vagabundos sin hogar que procedían de diferentes lugares como los padres fundadores. Y aunque esta fama no agradara a todos los romanos, pues, como lamenta Juvenal,[5] incluso los descendientes del linaje más ilustre probablemente tuvieran como antepasados a pastores criminales, aun así, Roma lleva con orgullo su origen bastardo. En este sentido, son los propios historiadores los que no solo reconocen, sino que hacen hincapié en la rapiña con la que comienza la historia de Roma. Los romanos no poseen nada que no sea robado, son

2. Tito Livio, *Historia de Roma desde su fundación*, vol. I-III, Madrid, Gredos, 2000, I, 8, 6.

3. *Ibid.*, I, 8, 5.

4. Dioniso de Halicarnaso, *Historia antigua de Roma*, vol. I-III, Madrid, Gredos, 1984, I, 10, 2.

5. Juvenal, *Sátiras*, Madrid, Gredos, 1991, VIII, 275.

gente sin patria ni padres,[6] dice Salustio en uno de los fragmentos que conservamos de sus *Historias*.

La apertura del asilo Capitolino introduce en la fundación de Roma otro elemento que marcará toda su historia: la heterogeneidad de sus gentes. Una diversidad que no es temida, como sucedía con los autores atenienses, sino, por el contrario, pródigamente celebrada. Este es el argumento al que recurre el Senado, según la versión de Tito Livio, antes del rapto de las sabinas para animar a los pueblos aledaños a presentar una petición de alianzas y de enlaces matrimoniales. Este intento, que pretendía evitar la violencia posterior, se basó, siempre según la versión de Tito Livio, en un único argumento: a diferencia de lo que pudieran pensar sus vecinos, la ciudad de Roma evidenciaba que no había ningún inconveniente en «mezclar su sangre y su raza con otros hombres».[7] En este sentido, la exaltación de la heterogeneidad, de la mezcla y de la diversidad impacta también en la forma de concebir el papel del fundador de la ciudad. Y es que, como insiste Cicerón, el triunfo de Roma no se debe al ingenio de un hombre en particular. Rómulo es el fundador, pero el éxito —habido y por haber— de Roma no es resultado exclusivo de su figura, sino de la intervención de muchos hombres anónimos a lo largo de varios siglos.[8] A primera vista parece que este paradigma rompe completamente con los ideales de autoctonía y pureza atenienses, pero, como veremos en las próximas páginas, lo que en realidad hay es un pliegue, una torsión que traiciona pero en ningún caso renuncia o abandona Grecia.

---

6. Salustio, «Fragmentos de las "Historias"», en *Conjuración de Catilina, Guerra de Jugurta...*, Madrid, Gredos, 1997, IV, 17.
7. Tito Livio, *Historia de Roma desde su fundación*, vol. I-III, *op. cit.*, I, 9, 5.
8. M. Tulio Cicerón, *Sobre la república*, Madrid, Gredos, 1984, II, 2.

2. Náufragos en fuga

A la fundación mítica de Roma por parte de Rómulo hay que añadir la otra gran historia inaugural: aquella que narra el viaje de Eneas desde Troya hasta Italia. Aunque la primera referencia que encontramos a Eneas como fundador de Roma pertenece a Helánico de Lesbos, en el siglo V a.C., es Virgilio quien compone la obra más importante sobre este mito. En su texto, el poeta reúne ambas tradiciones y establece el parentesco entre Rómulo y el propio Eneas, de estirpe troyana. Puesto que la caída de Troya se había producido cuatro siglos antes de la fecha aceptada de la fundación de Roma por Rómulo en el 753 a.C., Virgilio otorga a Eneas la fundación de otra ciudad: Lavinio.

Aunque Augusto le encargara a Virgilio una narración histórica del nacimiento de la ciudad, la *Eneida* sigue concediendo al mito un lugar privilegiado. El mito del origen de Roma se aproxima a la historia a través de una mirada oblicua, un vistazo indiscreto y temerario, que nos dice cómo se veían los romanos, pero, sobre todo, cómo querían ser vistos. La historia de Eneas no habla solo del héroe troyano, sino que nos cuenta, además, la valentía de Augusto.[9] Igual que Cicerón trató de apropiarse del aura de Rómulo en su enfrentamiento con Catilina, apelando al mismo Júpiter Estator al que una vez pidió ayuda Rómulo, parece que Virgilio tenía en mente una idea muy similar cuando puso bajo el paraguas de Eneas a Augusto. De esta forma, la dimensión política de la *Eneida* no se limita a la narración de lo ya acontecido, sino que proyecta y augura un futuro todavía más glorioso para el pueblo romano. El discurso de Júpiter a Venus del proemio atestigua la voluntad de justificar el futuro imperial de Roma, que hace recaer en Eneas, y por lo tanto en Augusto, la empresa de domeñar a los bravíos pueblos de Italia, dar leyes a los hombres

9. Virgilio, *Eneida*, Madrid, Gredos, 1997, VI, 791 ss.

y proteger con muros las ciudades.[10] Así, la travesía de Eneas desde Troya hasta tierras itálicas nos permite asomarnos a los mimbres que estableció Virgilio para pensar el Imperio romano.

Hay varios puntos de reunión entre las versiones del mito de Rómulo y la *Eneida*, pero quizá la que más nos interesa es la cuestión de la movilidad de sus protagonistas. Como sucedía con Rómulo, también Eneas y los suyos, antes de fundar Lavinio, vagaban entre lugares buscando un sitio en el que establecerse. Esta repetición aparece insistentemente en la *Eneida*, pero también en otros historiadores como Tito Livio, que acentúa la condición de exiliado de Eneas[11] y establece un vínculo entre la hospitalidad que brindó Latino a Eneas y la que, siglos más tarde, ofrecería Rómulo a los padres fundadores. Largos años llevaban errantes por los mares, nos dice Virgilio,[12] antes de llegar a tierras itálicas y establecerse en Lavinio. En este sentido, la condición troyana de Eneas, que conserva en Roma una parte de Grecia, es una característica que nos habla más de su exilio tras la caída de Troya que de una supuesta superioridad de su linaje. De la referencia a la estirpe de Héctor no se desprende la continuación del linaje troyano en tierras itálicas, sino nada más —o nada menos— que la conservación de una diferencia fundacional. Tanto en los textos de Tito Livio como en los de Virgilio, Eneas no puede comprenderse sin su condición de exiliado que vaga por mar y tierra buscando un refugio. Al contrario de lo que sucedía en Atenas, Lavinio y Roma son fundadas por extranjeros que introducen su alteridad en las ciudades desde su origen. En consecuencia, las historias de Rómulo y Eneas se encuentran en las antípodas del relato de autoctonía ateniense y, de esta forma, permiten la enunciación de un corpus que celebra en su origen la inclusión de lo diferente. La alusión a la extranjería de los protagonistas se repite

10. Virgilio, *Eneida*, *op. cit.*, I, 263-264.
11. Tito Livio, *Historia de Roma desde su fundación*, vol. I-III, *op. cit.*, I, 1, 8-9.
12. Virgilio, *Eneida*, *op. cit.*, I, 31-33.

en diferentes lugares y se concentra en la voz que se dirige a Latino, rey de los aborígenes, desde lo hondo del bosque: «llegarán de fuera quienes han de ser tus hijos».[13] Así, la unión de los aborígenes y los troyanos encarnada en el matrimonio de Eneas y Lavinia, hija del rey Latino, representa la mezcla que da comienzo a la nación romana.

Sin embargo, los relatos fundacionales de Rómulo y Eneas no nos dicen mucho del comienzo histórico de Roma. Casi con toda seguridad no existió Rómulo, el hijo de Marte, ni Eneas, el de la estirpe de Héctor —como tampoco Erictonio, el brotado de la tierra—, pero la ficción retrospectiva que proyectaron en el pasado lejano de Roma condicionó el futuro de la ciudad. Si, como sugiere Mary Beard, Rómulo y Eneas solo fueron una invención derivada de Roma —los arquetipos del Sr. Roma—,[14] aproximarnos a sus historias nos puede ofrecer un lugar privilegiado desde el que asomarnos a la cultura de sus ciudadanos. Los relatos sobre los deseos, los temores y las ideologías de Rómulo y Eneas son también las querencias, los miedos y las políticas de la ciudad.

Los acentos y las insistencias de ambas historias en la condición de exiliados de sus protagonistas pueden ser un buen punto de partida para pensar la forma en la que se otorgó la ciudadanía romana en época imperial. No es solo una afortunada coincidencia que Eneas fuera un exiliado y que el crecimiento demográfico de Roma propiciado por Rómulo se hiciera a través de la práctica político-religiosa del asilo. Hay también un poso histórico que anticipa las políticas futuras e interpreta las prácticas pasadas en este ejercicio inaugural. Como reclamaba Dionisio de Halicarnaso, la concesión de la ciudadanía a los vencidos en la guerra y la inclusión de los esclavos liberados al corpus de los ciudadanos, así como el hecho de no despreciar a ninguna clase

---

13. Virgilio, *Eneida*, *op. cit.*, VII, 97.
14. Cf. M. Beard, *SPQR. Una historia de la Antigua Roma*, Barcelona, Planeta, 2021, p. 75.

de hombres, se convirtió en un rasgo distintivo de la forma de gobierno romano.[15] En consecuencia, lo que está en juego en las historias de Rómulo y de Eneas no es el simple origen, sino, sobre todo, qué quiere decir, si es que quiere decir algo, ser ciudadano —romano—.

3. El derecho de la ciudadanía romana

Podría parecer que la consecuencia lógica de los relatos fundacionales de Roma es la apertura, la diversidad y la inclusión en el ámbito político. Una imagen panorámica de Roma podría llevarnos a pensar que las diferentes leyes que regularon el acceso a la ciudadanía, hasta llegar a convertirla en una herramienta jurídica con potencial universal, son el reflejo de la migración y la hospitalidad celebradas en sus relatos fundacionales. No obstante, como sucedía en el caso de Atenas, el camino que va del mito fundacional a la política es bidireccional. En esta calle de doble sentido, los relatos fundacionales de Roma influyeron y fueron influidos por la realidad política. Las narraciones sobre el origen ofrecían un excelente marco teórico para defender la aprobación de ciertas políticas expansionistas —como se aprecia en el discurso del emperador Claudio a favor de la integración en el Senado de los galos— y, al mismo tiempo, los acontecimientos políticos obligaban a introducir modificaciones en los relatos fundacionales para justificar sus prácticas —como se evidencia en la muerte de Rómulo, similar a la de Julio César en la historia de Tito Livio—.

La ciudadanía romana confirma el cambio de dirección que constatamos en los relatos fundacionales. Si, como hemos visto, para Atenas la ciudadanía era una cuestión política que dependía de la autoctonía, Roma rompe esa unión que a los atenienses

---

15. Dioniso de Halicarnaso, *Historia antigua de Roma*, *op. cit.*, I, 9, 4.

parecía natural y desliga la cuestión étnico-histórica del ámbito político. Se trata de una verdadera transformación de la concepción del ciudadano, que ya no es un miembro de un grupo sobre la base de su naturaleza étnica, religiosa o de parentesco, sino un individuo vinculado políticamente a un Estado.[16] Así, este cambio de paradigma transita de la concepción étnico-cultural de la ciudadanía a una de carácter estrictamente político: lo que mantiene unidos a los miembros de la República primero, luego del Imperio, no es la participación de una etnia, sino su condición individual de ciudadano libre reconocida por Roma. Podríamos decir, entonces, que la ciudadanía se desvincula de la *gens* en periodo republicano a partir del año 497 a.C., con las secesiones promovidas por la plebe *(secessio plebis)* para adquirir la ciudadanía que hasta entonces estaba reservada a los patricios. A partir de entonces, en términos jurídicos, el estatus de ciudadanía romana tiene que ver con la libertad que reconoce la República al individuo, pero, sobre todo, con los deberes que acompañan a esa libertad. Ser ciudadano romano exige la atención y la participación en los asuntos de la ciudad que están inscritos en un sistema de garantías civiles y procesales. Bajo una visión bastante idealizada del pueblo romano, Tito Livio narra la promulgación del primer código jurídico en el contexto de la segunda secesión de los plebeyos romanos en el año 449 a.C., la ley de las Doce Tablas, como el resultado de la sabiduría de la multitud, que discutió y reflexionó sobre los textos legales que les presentaron los decenviros y que hizo que el acuerdo alcanzado por los ciudadanos no solo sancionara sino, en cierto sentido, propusiera esa legislación.[17]

El cambio de paradigma que flexibiliza el acceso a la ciudadanía, que deja de depender de la pertenencia a la tribu, facilita

---

16. Cf. J. M. Blanch Nougués, «Dignidad personal y libertad: libertad y ciudadanía en la antigua Roma», *AFDUAM. Anuario de la Facultad de Derecho de la Universidad Autónoma de Madrid*, 17, 2013, pp. 163-182.
17. Tito Livio, *Historia de Roma desde su fundación*, vol. I-III, *op. cit.*, III, 34.

la inclusión de ciudadanos de otros lugares. Sin embargo, no debemos perder de vista que la ciudadanía romana también fue una excelente herramienta para consolidar el dominio de la República e incluir a las poblaciones vencidas. La rendición sin condiciones *(deditio in fidem)* a la que debían someterse los pueblos vencidos implicaba en la práctica la extinción de esa población, que ponía a disposición de Roma todos sus bienes, incluidos los hombres, las armas y sus leyes. Así lo reconoce Tito Livio cuando señala que los romanos tenían por costumbre, con aquellas poblaciones con las que no tenían un tratado de reciprocidad de derechos, exigir «que se rindiera todo lo divino y lo humano».[18] El futuro de los rendidos se decidía entre dos opciones: que Roma les concediera su propia ciudadanía o que restableciera la ciudadanía antigua y que esta pasara al servicio de la República. Un ejemplo de este modo de proceder lo encontramos en Dión Casio, quienes nos transmite el caso de Tusculano, ciudad que fue conquistada por Roma en el 381 a.C., y a cuyos habitantes se les concedió la ciudadanía romana. Es posible que Dión Casio exagere cuando dice que, más que una campaña contra los tusculanos, lo que aconteció fue el «encuentro entre amigos»,[19] pero aquí lo que nos interesa es el uso la ciudadanía como elemento jurídico para los fines expansionistas de la República. La pregunta que se planteó Roma, tal y como nos la traslada Tito Livio en el discurso de Lucio Furio Camilo ante las revueltas de varias poblaciones latinas en el año 340 a.C., es si la ciudadanía podía ser un buen instrumento para «incrementar el poderío de Roma».[20] Y como comprobamos en diferentes momentos de la

---

18. Tito Livio, *Historia de Roma desde su fundación*, vol. XXVI-XXX, Madrid, Gredos, 1993, XXVIII, 34, 7-8.
19. Dión Casio, *Historia de Roma*, vol. I-XXXV, Madrid, Gredos, 2004, VII, 28.
20. Tito Livio, *Historia de Roma desde su fundación*, vol. VIII-X, Madrid, Gredos, 1990, VIII, 13, 16.

historia de la República, y más tarde del Imperio, la respuesta fue, sin ambages, afirmativa.

Lex Iulia y Lex Plautia Papiria

Gracias a la *Historia* de Tito Livio, conocemos una de las formulaciones jurídicas que permitía el acceso a la ciudadanía romana a hombres de ciudades aliadas latinas: el *ius migrandi*. Este derecho garantizaba la ciudadanía romana a aquellos hombres de poblaciones latinas que se desplazaran a vivir en territorio romano y se inscribieran en el censo. Según los datos que nos ofrece Tito Livio, esta práctica se extendió a lo largo del siglo II a.C. y sufrió varias crisis de particular importancia en los años 187, 177, 126 y 95. Las dos primeras crisis obligaron al Senado romano a localizar y repatriar a aquellos ciudadanos provenientes de poblaciones latinas que se habían acogido al *ius migrandi* y que habían adquirido la ciudadanía romana —siempre y cuando los diputados de la confederación latina demostraran que estos ciudadanos estaban en sus listas de censo—.[21] En este sentido, el problema para los pueblos latinos era simple: si un grupo significativo de sus ciudadanos migraba hacia territorios romanos y adquiría su ciudadanía, en pocos lustros sus ciudades y sus campos quedarían despoblados.[22] Al malestar de las ciudades aliadas se añadió un creciente descontento de la clase dirigente romana, que no veía con buenos ojos la integración de tantos extranjeros que ahora eran romanos y tenían derechos políticos.[23] En consecuencia, en

21. Tito Livio, *Historia de Roma desde su fundación*, vol. XXXVI-XL, Madrid, Gredos, 1993, XXXIX, 3, 3-5.
22. *Id.*, *Historia de Roma desde su fundación*, vol. XLI-XLV, Madrid, Gredos, 2008, XLI, 8, 7-8.
23. G. Valditara, *Civis romanus sum: Citizenship and Empire in Ancient Rome*, Washington, Academica Press, 2020, pp. 88-95.

el año 126 a.C. la *Lex Iunia* prohibió a los extranjeros que no fueran latinos establecer su residencia permanente en territorio romano,[24] y unos años más tarde, en el 95 a.C., la *Lex Licinia Mucia* limitó el acceso a la ciudadanía romana de los itálicos residentes —y que por lo tanto pagaban sus impuestos a Roma— en territorio romano y decretó la expulsión de aquellos que hubieran accedido a la ciudadanía romana de forma fraudulenta.

El descontento que provocaron estas legislaciones «faltas de humanidad»[25] entre la población itálica se considera el antecedente lógico de la Guerra Social que enfrentó a la República romana y a los que eran sus aliados itálicos entre los años 91 y 88 a.C. El asesinato de Marco Livio Druso, tribuno de la plebe que defendió en el Senado la ciudadanía romana para el resto de los aliados itálicos, fue solo el comienzo de una guerra que terminó con la aceptación de las propuestas de los perdedores. El historiador romano Apiano insiste en que los aliados itálicos y los pueblos latinos que se sublevaron contra Roma tenían prácticamente un único objetivo: conseguir el *ius civitatis* para sus gentes.[26] Es bastante probable que la urdimbre de motivos que propició la guerra fuera bastante más compleja, pero Apiano sabe que lo que puso fin a la guerra fueron tres leyes: la *Lex Iulia* del año 90 a.C., la *Lex Plautia Papiria* y la *Lex Pompela de Transpadanis*,[27] ambas del 89 a.C. La primera de todas la decretó el Senado para que aquellos aliados

24. En sentido contrario, la *Lex Acilia Repetundarum*, aprobada en el 123 a.C., premiaba con la ciudadanía a aquellos hombres de provincias anexionadas que acusaran al gobernador romano de realizar exacciones ilícitas, siempre y cuando el proceso diese lugar a una sentencia condenatoria. Sin lugar a duda se trataba de un premio a aquellos provinciales que demostraran su compromiso con la República romana.

25. M. Tulio Cicerón, *Los deberes*, Madrid, Gredos, 2014, III, 47.

26. Apiano, *Historia romana. Guerras civiles*, vol. I-II, Madrid, Gredos, 1985, I, 38.

27. Otorgó la ciudadanía latina a aquellos pueblos itálicos que se encontraban al norte del Po.

2. Devenir romano: mezclar su sangre y su raza con otros hombres

itálicos que permanecieran en la alianza con Roma obtuvieran el derecho a la ciudadanía romana. Así, los etruscos fueron los primeros beneficiarios de esta medida, quienes, según Apiano, aceptaron encantados su nueva ciudadanía. Un año más tarde, los tribunos Carbo y Catón presentaron la *Lex Plautia Papiria*, que extendió la ciudadanía a todos los habitantes de Italia al sur del río Arno y del Rubicón. La diferencia principal con la ley precedente era que esta se dirigía a los individuos, que tenían que inscribirse a través del pretor en el censo de la ciudad en el plazo de sesenta días desde que entrara en vigor la ley. Esta medida fue determinante para llevar la guerra a su fin, puesto que desmovilizó a los itálicos sublevados, que, a pesar de estar perdiendo la guerra, consiguieron exactamente lo que demandaban: ser ciudadanos romanos.

Sin embargo, tampoco deberíamos ser ingenuos con esto: los romanos no concedieron la ciudadanía por bondad o como un favor a sus socios itálicos, como insiste Cicerón.[28] Muestra de ello es que los nuevos ciudadanos romanos no fueron inscritos en las treinta y cinco tribus que existían entonces, pues, como advierte Apiano, al ser mayor en número a los ciudadanos antiguos romanos, podrían vencer en las votaciones. Así, los nuevos ciudadanos fueron divididos en diez partes que actuaron como tribus en las que ellos votaban los últimos.[29] Pero es que, además, debemos tener presente que la aceptación de la ciudadanía romana llevaba aparejada la renuncia a la ciudadanía de origen,[30] por lo que todos los hombres que se incorporaron a Roma gracias a estas legislaciones pasaron a ser exclusivamente romanos

---

28. M. Tulio Cicerón, «En defensa de Lucio Cornelio Balbo», en *Discursos*, vol. VIII, Madrid, Gredos, 2013, 21.

29. Apiano, *Historia romana. Guerras civiles*, vol. I-II, *op. cit.*, I, 49.

30. La ciudadanía romana era incompatible con otra ciudadanía puesto que las obligaciones que asumía el nuevo ciudadano con la patria de adopción eran totales e irreconciliables con la lealtad a la ciudad de origen, que, además, tras su anexión a Roma, perdía su soberanía.

—con todo lo que eso implicaba tanto para los ciudadanos como para la propia Roma, que crecía demográfica y económicamente a través de los impuestos—. Así, para justificar la lealtad que el nuevo ciudadano debía a Roma, Cicerón distinguió entre dos tipos diferentes de patria: la de naturaleza y la de ciudadanía *(civitatis)*. Es la segunda patria, la que lo es por derecho, la que precisa ser más amada y por la que se debe morir.[31] De esta forma Cicerón consigue realizar el tránsito desde el lugar de nacimiento —la patria por naturaleza— al espacio donde el aparato jurídico formula los derechos y las obligaciones del individuo en cuanto ciudadano —la patria política—. La *patria iuris* se sobrepone a la patria por naturaleza que, tras la Guerra Social y la extensión de la ciudadanía a los ciudadanos itálicos, lleva a cabo una equiparación jurídica de los residentes en la península y permite la creación de una *patria communis* de toda Italia.[32] En este sentido, la *Lex Iulia de civitate* y la *Lex Plautia Papiria* ofrecieron el marco de una ciudadanía universal romana, pero, sobre todo, sentaron las bases de la *orbe imperiale* y trazaron el camino para utilizar la ciudadanía como un dispositivo jurídico con fines imperialistas. A diferencia de otros pueblos, cuyo territorio y cuya población están circunscritos por unos límites, las fronteras de Roma son tan difusas que su espacio llega a coincidir con el mundo entero: «el espacio de la ciudad de Roma es el mismo que el del mundo»,[33] escribió Ovidio en los primeros años de nuestra era.

31. M. Tulio Cicerón, *Las leyes*, Madrid, Gredos, 2009, II, 5.
32. Cf. A. Pellizari, «*Roma communis nostra patria est*. Constanti e variabili del patriotismo romano nei secoli dell'Imperio», *Atti della Accademia delle Scienze di Torino* 199 (2000), pp. 3-41.
33. Ovidio, *Fastos*, Madrid, Gredos, 1998, II, 683.

La ciudadanía en el Imperio romano

La práctica de ampliar el territorio y la población de Roma a través de la concesión de la ciudadanía a las urbes vencidas sobrevivió al fin de la República romana y se mantuvo en la época imperial. El testamento político de Augusto, primer emperador romano, deja constancia de esta costumbre en los primeros años del Imperio. Suetonio[34] habla de tres rollos preparados por Augusto antes de morir, en los que señalaba las disposiciones sobre su funeral, una relación de sus hechos —que debían ser grabados en dos tablas de bronce—[35] y un inventario de los bienes que había en el Imperio. Entre los hechos que quiso poner de relieve Augusto destacan la fundación de 28 ciudades y la generosidad que tuvo con sus tropas y con los vencidos, pues, según nos informa, prefirió conservar —en lugar de destruir— a quienes podían ser perdonados y, de esta forma, «unos 500 000 ciudadanos romanos prestaron sagrado juramento»[36] de devoción a su persona. Sin embargo, esto no quiere decir que la integración de los nuevos ciudadanos, especialmente en el ámbito político, fuera fácil.

A mediados del siglo I la ciudadanía romana seguía sin garantizar la igualdad de participación en política y despertaba la misma desconfianza y recelo que dieron origen a la Guerra Social 150 años antes. Prueba de ello es la intervención del emperador Claudio en el año 48 a favor de que los ciudadanos romanos de Galia pudieran participar en el Senado. El discurso de Claudio nos llega a través de Tácito y, aunque sabemos que no es una transcripción literal de las palabras que se pronunciaron en el Senado, nos ofrece

34. Suetonio, *Vidas de los doce césares*, vol. I, Madrid, Gredos, 1992, II, 101, 2.

35. Estas tablas se perdieron, pero conocemos su contenido gracias a una copia grabada en un templo de Ancira.

36. G. Fatás y M. Martín Bueno, «*Res Gestae Divi Augusti*». *Autobiografía del emperador Augusto*, Zaragoza, Universidad Popular y Ayuntamiento de Zaragoza, 1987, p. 3.

varias pistas de la línea argumentativa del emperador para justificar la integración de los nuevos romanos de Galia. Si los lacedemonios y los atenienses desaparecieron, a pesar de estar en la plenitud de su poder de guerra, sugiere Claudio, fue porque a los vencidos los apartaban como a extranjeros. En cambio, los romanos deben seguir el ejemplo de su fundador Rómulo, que «fue tan sabio que a muchos pueblos en un mismo día los tuvo como enemigos y luego como conciudadanos»,[37] y permitir la entrada en el Senado de los hombres de Galia más notables, como antes aceptaron la participación de los volscos y los ecuos. No obstante, a pesar de la referencia al padre fundador, la intervención de Claudio a favor de la integración de los romanos de Galia en la cámara no fue bien recibida por muchos senadores. Ejemplo de ello da Séneca en su obra sobre el gobierno de Claudio, en la que se burla del empeño del emperador «en ver con toga a todos».[38] Muchos creían que los privilegios de la ciudadanía, especialmente los de las clases de los senatoriales y los ecuestres, debían protegerse de la integración de hombres poderosos de otras provincias. Y es que parece que hay una constante que se repite en época republicana e imperial: la tensión entre el alcance de la ciudadanía como elemento de expansión y la profunda animadversión de parte de la población hacia los nuevos ciudadanos.

Debemos esperar hasta el año 212 para encontrar una de las formulaciones jurídicas más ambiciosas de la extensión de la ciudadanía. Se trata de la *Constitutio Antoniniana*, que otorgó la ciudadanía romana a todos los habitantes libres que residían en territorio romano —con la excepción de los *peregrini dediticii*—. El edicto del emperador Caracalla, cuyo padre era Septimio Severo, primer emperador romano originario de África, es un reconocimiento explícito de la vocación universalista de la ciudadanía romana y,

37. Tácito, *Anales*, vol. XI-XVI, Madrid, Gredos, 1980, XI, 24, 4.
38. Séneca, «Apocolocintosis», en *Diálogos. Apolococintosis*, Madrid, Gredos, 1996, III, 3.

por tanto, del propio Imperio. Pero la *Constitutio Antoniniana* es, sobre todo, la máxima expresión de un proceso ininterrumpido —iniciado en época republicana con las legislaciones que pusieron punto final a la Guerra Social, la *Lex Iulia* y la *Lex Plautia Papiria*— de la voluntad universal de Roma. Podríamos decir, incluso, que la *Constitutio Antoniniana* puede considerarse como una primera tentativa de globalización. Pese a que solo tenemos acceso a cuatro líneas, transmitidas en el *Papiro Giessen 40*, de la transcripción griega del edicto, su brevedad no merma su importancia:

> Por ello concedo a todos los [peregrinos] que están sobre la tierra la ciudadanía romana [salvaguardando los derechos de las ciudades] con la excepción de los dediticios. Pues es legítimo que el mayor número no solo esté sometido a todas las cargas, sino que también esté asociado a mi victoria. Este edicto será [laguna] la soberanía del pueblo romano.[39]

Los beneficiarios del edicto de Caracalla, con la exclusión de los citados dediticios,[40] eran la totalidad de los habitantes de los territorios romanos, lo que permite subrayar su carácter universal. En este sentido, lo central no es si, como sugiere Dión Casio, esta medida fue adoptada con el afán de aumentar la recaudación del Imperio —pues los hasta entonces extranjeros ahora debían hacer frente a los impuestos propios de los ciudadanos romanos—,

---

39. «Constitutio Antoniniana», en L. García Moreno *et al.*, *Historia del mundo clásico a través de sus textos. Roma*, Madrid, Alianza, 2014, p. 242.

40. Sin ambages, el edicto proclama la concesión de la ciudadanía a todos los hombres libres en territorio romano con una excepción que no podemos pasar por alto: los dediticios. Aunque el texto no da más explicaciones y no encontramos en los comentaristas de la época más referencias, parece que los dediticios podían ser, por un lado, los libertos que habían cometido un delito y sobre los que pesaba la *Lex Aelia Sentia* del año 4, que regulaba su exclusión de la ciudadanía, y, por el otro, los hombres que formaban parte de las poblaciones que se habían rendido recientemente a los romanos.

sino que esta legislación afectó nada más —y nada menos— que a aquellos que ya eran residentes en los territorios del Imperio. Sin embargo, al contrario de lo que podría esperarse, la universalización de la ciudadanía no tuvo un gran impacto a nivel político.[41] Como veremos más adelante, en el mismo momento en el que un derecho se extiende —casi— con carácter universal, surgen nuevas formas de distinción y de privilegio.[42] Así, podríamos decir que la extensión de la ciudadanía romana implicó la pérdida de su significado hasta quedar reducida a poco más que una distinción cultural respecto a las poblaciones bárbaras.

*

Hasta aquí, hemos visto dos modelos de ciudadanía que parecen irreconciliables: el paradigma estático ateniense basado en la sangre y el paradigma dinámico romano basado en la sangre y en el suelo. El primero, como ejemplo del repliegue hacia dentro, hacia la conservación de la autoctonía a través de la sangre; el segundo, como exponente de una tentativa de universalización de la condición de la ciudadanía a través de la sangre, sí, pero también de la residencia en el territorio. Dos formas de entender la pertenencia y la inclusión en la comunidad política que los Estados modernos han sabido reconciliar y que perduran en nuestro presente. Dos formas, en última instancia, que han determinado cómo pensamos la relación con el territorio en el que habitamos.

41. Cf. «Constitutio Antoniniana», *op. cit.*, pp. 245 s.; A. N. Sherwin-White, *The Roman Citizenship*, Oxford, Oxford University Press, 1996, pp. 380-397.

42. Pocas décadas después de la proclamación de la *Constitutio* de Caracalla la distinción entre los *honestiores*, de los que formaban parte los senadores y la élite económica, y los *humiliores*, nutridos por campesinos y hombres pobres libres, no paró de agrandarse. No se trataba solo de una distancia económica, sino de una verdadera diferenciación asumida por la ley que permitía que los *humiliores* pudieran recibir castigos físicos —de los que se eximía a los *honestiores*— a pesar de ser todos ciudadanos romanos.

3. Los dioses no olvidan: la hospitalidad en Grecia y Roma

El encuentro entre ciudadanos y extranjeros en la Antigüedad no se limitaba a las situaciones descritas en los capítulos anteriores, es decir, a la residencia en un mismo lugar. El tránsito migratorio de personas por motivos comerciales o por sueños de una vida mejor, pero también como resultado del desplazamiento forzoso derivado de las guerras, se convirtió, para griegos y romanos, en un acontecimiento que debía ser regulado desde la esfera política. La práctica griega de la hospitalidad *(xenía)*, en un primer momento limitada al ámbito religioso privado, se convirtió en una institución codificada en el espacio político-jurídico. Esta tenía sus propios rituales que debían realizarse cuando se hospedaba a algún suplicante o huésped, e iban desde la obligación de libar el vino a Zeus hasta el tipo de regalos que debían intercambiar el hospedador y el huésped. Así, la hospitalidad como obligación moral fue evolucionando, en época romana, hacia formas más complejas sancionadas por la esfera política, como veremos con Cicerón.

La propia noción de migrar, del latín *migrare*, remite a la raíz **mei*, que comparten los términos *mutare, mutus* y *munus*. En todas estas nociones se encuentra presente un sentido de reciprocidad que las partes implicadas no pueden ignorar. Así como Roberto Esposito recuerda que la noción de *munus*, de la que se deriva nuestro concepto de comunidad, remite a un don que no puede no darse, a la obligatoriedad del don, podríamos mantener, al menos como hipótesis, que la noción de migrar establece una unión entre el sujeto que migra y la comunidad que lo recibe. Como ha subrayado Donatella Di Cesare, una de las filósofas que más atención ha prestado a los movimientos migratorios, desde su origen «migrar» no remite a un simple movimiento o al establecimiento de la residencia en un lugar distinto del de origen, sino, más bien, a un complejo intercambio que se produce entre el extranjero y la persona que lo recibe.[1] Así, esta práctica inaugura lo que conocemos como hospitalidad.

1. La xenía griega

La ausencia de leyes escritas en tiempos pasados no implicaba la carencia de guías y de sanciones de los comportamientos del hombre. Las leyes no escritas que los griegos asumían se formulaban como refranes o proverbios que guiaban su conducta. Por eso sus epopeyas y obras teatrales nos hablan de mucho más que de la historia que narran; nos cuentan, también, cómo eran sus instituciones y en qué creencias se fundaban. Así, por ejemplo, la *Ilíada* y la *Odisea* anuncian una verdadera regulación de la práctica de la hospitalidad *(xenía)*, que traspasa el plano privado del individuo para presentarse como un deber social.

La *xenía* era la hospitalidad debida al huésped *(xénos)*, una suerte de contrato que podía establecerse entre individuos, como hospitalidad privada, o entre *pólis*. En los poemas homéricos encontramos abundantes pruebas de la codificación de esta práctica. Esta es una cuestión religiosa en la que intervienen los dioses,

1. D. Di Cesare, *Stranieri residenti. Una filosofia della migrazione*, Turín, Bollati Boringhieri, 2017, pp. 92 ss.

que premian o castigan a los hombres según su desempeño. La intervención divina se da, además, porque a veces son los propios dioses los que pueden presentarse en la puerta, disfrazados como vagabundos, para solicitar asilo. Así, la *xenía* está protegida por Zeus *Xénios*, que vela por su cumplimiento y castiga al que viola los acuerdos de hospitalidad. También es Zeus quien manda «a los pobres y extranjeros errantes»,[2] por lo que su rechazo es, además, un desplante al dios, que puede desatar su cólera contra el que no acoja a los huéspedes, pues «amparo y venganza presta Zeus Hospital»,[3] nos dice Homero.

La vuelta a casa de Odiseo nos ofrece innumerables ocasiones en las que la práctica de la hospitalidad es descrita detalladamente. Las escenas de acogida que aparecen en la Odisea subrayan constantemente que el componente religioso, es decir, la intervención divina, desempeña un papel central. El temor a desatar la cólera de Zeus obliga a Eumeo, que no reconoce a Odiseo, a ofrecerle cobijo y comida como señal de hospitalidad, a pesar de no agradarle el aspecto de su huésped. Así, le dice Eumeo a Odiseo: «No es mi ley, forastero, afrentar al que viene, aunque sea más mezquino que tú, pues es Zeus quien envía a los mendigos y extranjeros errantes [...]».[4] Eumeo eleva a rango de ley, aunque privada, su reconocimiento de la práctica de la hospitalidad. El extranjero, por intervención de Zeus, al que se liba en los banquetes de hospitalidad, es «sagrado».[5] Esto ocurre no solo en la *Odisea*, pues también encontramos en obras más tardías, como *Las suplicantes* de Esquilo, la misma apelación a la protección que la divinidad ofrece al huésped. Así, Zeus es el «protector del suplicante»[6] y vengará cualquier agravio que contra él se cometa.

2. Homero, *Odisea*, Madrid, Gredos, 1993, VI, 207.
3. *Ibid.*, IX, 270-271.
4. *Ibid.*, XIV, 56-58.
5. *Ibid.*, VII, 165.
6. Esquilo, «Las suplicantes», en *Tragedias*, Madrid, Gredos, 1993, 386.

La compleja relación entre ciudadanos y extranjeros, cuando no está mediada por la condición política de meteco, se fundamenta en la sacralidad del segundo. Los extranjeros son sacratísimos,[7] escribe Platón en sus *Leyes*. Ciertamente puede resultar paradójico que, precisamente aquellos a los que se excluye de poder participar en la ciudad, sean los mismos que son sagrados. Pero esto se debe, también, a la simpatía que despiertan, por su condición más precaria, en los dioses. Justo porque carecen de compañeros y parientes, nos dice Platón, son más dignos de conmiseración para los hombres y los dioses. Estos últimos se preocupan de vengar los agravios que se cometen contra los extranjeros cuando se violan los pactos de hospitalidad. La repetición de que la violación de los pactos es vengada por los dioses, en particular por Zeus, es una constante en la obra de Homero. Así, Zeus es el que venga a los extranjeros que buscan refugio, pero también es a quien estos piden ayuda para poder ejecutar su venganza. Por eso en la *Ilíada* aqueos y troyanos piden a Zeus que «el que de los dos causó estas desgracias a ambos bandos, concédeme que perezca y se sumerja en la morada de Hades, y que entre nosotros haya amistad y leales juramentos».[8] Un poco más adelante, Menelao recuerda que la ofensa de Paris contra el pueblo de Esparta puede sentar un agrio precedente para los hombres venideros, ya que este no ha respetado el hogar que se le ha ofrecido como muestra de hospitalidad. Así, tras pedir a Zeus que le conceda la posibilidad de vengarse de Paris, Menelao dice: «para que también los hombres venideros se estremezcan de hacer mal al que aloje a un huésped y le ofrezca amistad».[9] En este sentido, la violación del pacto de hospitalidad en la que incurre Paris al raptar a Helena es señalada por Menelao, también, por las con-

---

7. Platón, «Leyes», en *Diálogos*, vol. VIII, Madrid, Gredos, 1999, V, 729e.
8. Homero, *Ilíada, op. cit.*, III, 321-323.
9. *Ibid.*, III, 351-354.

secuencias que esta violación pueda tener para la propia institución de la hospitalidad.

Aquel que no respeta las fórmulas hospitalarias, perfectamente codificadas, debe ser castigado, ya sea por Zeus o por la propia ley. La hospitalidad no es solo una tradición popular respetada por el temor a los dioses, también es una costumbre protegida por la justicia. Zeus atiende al que busca ayuda en su prójimo y esta le es negada, a aquel que «no logra la justicia que le es legal»,[10] se dice en la tragedia de Esquilo. Así, aquellos hombres que son injustos y niegan el refugio al suplicante no solo provocan la cólera de Zeus, sino que también incurren en una verdadera ilegalidad. Por eso Odiseo se permite decir que, cuando el cíclope Polifemo se emborracha con el vino que le lleva como regalo de hospitalidad y, en consecuencia, no respeta la ley sagrada de compartir con el huésped, «no ha obrado con justicia».[11]

En la hospitalidad se produce una reunión entre la justicia que se presupone en las instituciones, por un lado, y el respeto que merecen los dioses, por otro. Se elige a la justicia por aliada y se escoge el respeto temeroso que inspiran los dioses, escribe Esquilo.[12] Así, la práctica de la hospitalidad, protegida por Zeus, excede los límites de lo religioso y aparece como verdadera institución política que debe ser no solo preservada, sino también codificada, por el poder político-jurídico. Por eso no es de extrañar que Tucídides recuerde que Pericles declaró públicamente a los atenienses que Arquidamo, que estaba a punto de invadir el Ática, era su huésped (puesto que la hospitalidad, también en momentos de guerra, debía ser respetada). Pericles sabía que probablemente Arquidamo, que dirigía al ejército lacedemonio, respetaría el pacto de hospitalidad con Pericles y no atacaría sus

10. Esquilo, «Las suplicantes», *op. cit.*, 385.
11. Homero, *Odisea, op. cit.*, IX, 353.
12. Esquilo, «Las suplicantes», *op. cit.*, 395.

tierras,[13] por lo que tenía que avisar a sus conciudadanos para que no sospecharan que había pactado en secreto con Arquidamo.

Ahora bien, tras estas consideraciones parece lícito preguntarse: ¿cómo puede conciliarse la práctica de la hospitalidad con la exclusión sistemática del extranjero? Lo crucial para entender el estatus del suplicante, al que sabemos que Zeus protege y venga, es que, en caso de que se le conceda el asilo, su estatus será muy similar al del meteco. Es decir, la práctica de la hospitalidad en ningún caso pretende naturalizar o integrar al extranjero que la solicita, sino ofrecer ayuda a aquel que la necesita en un momento concreto. La práctica de la hospitalidad no otorga el derecho a residencia, sino que se trata de un verdadero «derecho humano del asilo [asylía]».[14] En *Las suplicantes*, la ciudad, por un proceso a mano alzada, concede asilo a las jóvenes que lo solicitan. Pelasgo brinda asilo a las danaides de forma pública, con la votación de los ciudadanos, donde él solo actúa como intermediador *(próxenos)*, lo que evidencia la dimensión pública de la *xenía*. Así, en el momento de la ratificación que concede asilo a las suplicantes, la ciudad adquiere un compromiso de protección respecto a estas mujeres. La concesión de asilo compromete a la ciudad en su totalidad a proteger a las suplicantes bajo pena de privación de derechos y destierro para aquellos ciudadanos que no cumplan con el pacto de hospitalidad.[15]

El derecho de asilo no solo está reconocido por la ley como una herramienta que pueden solicitar las personas perseguidas, sino que también regula las obligaciones que asumen los ciudadanos de la ciudad que lo conceden. Lo que se confiere al suplicante es un estatus similar al del meteco, es decir, se le otorga el derecho a residir libremente en una tierra diferente a la de origen,

13. Tucídides, *Historia de la guerra del Peloponeso*, vol. I-II, Madrid, Gredos, 1990, II, 13, 1-2.

14. Esquilo, «Las suplicantes», *op. cit.*, 611.

15. *Ibid.*, 614.

pero no puede poseer tierras ni participar en la vida política de la ciudad. Como muestra Esquilo, el objetivo de la hospitalidad pública es permitir la integración de las suplicantes en la comunidad cívica, pero sin querer equipararlas a los ciudadanos de pleno derecho.[16] Por eso, al igual que los extranjeros residentes, no pueden poseer viviendas, sino solo usarlas. En este sentido, es la condición de las danaides de ser acogidas, la misma que les niega el acceso a la propiedad de ciertos bienes, la que les ofrece protección cuando los hijos de Egipto las tratan con violencia y pretenden secuestrarlas. Cuando estos intentan raptarlas, la ciudad tiene la obligación de defenderlas. El propio Pelasgo parece sorprendido de que los hijos de Egipto no reconozcan el vínculo hospitalario que ahora une la ciudad de Argos con las danaides. El rey Pelasgo acusa al heraldo de Egipto, que amenaza con llevarse por la fuerza a las danaides, de no respetar a los dioses,[17] pues solo un bárbaro podría negar los lazos hospitalarios. Y esto es también determinante en la práctica de la hospitalidad, que, tanto en su origen como ejercicio privado-religioso como en su desarrollo como práctica ético-política, muestra qué clase de hombre es aquel que ofrece o niega cobijo a los suplicantes.

Siempre son los otros, los bárbaros, los hijos de Egipto, los que violan las leyes de la hospitalidad. Los griegos, en conjunto, incluso cuando están en guerra, conservan los compromisos adquiridos con sus huéspedes. Así, la práctica de la hospitalidad, en la cultura griega, establece unas relaciones de compensación entre el huésped y el hospedador que son reconocidas por los dioses. Precisamente por esto, porque es importante la forma en la que actúa el huésped, debemos reconocer que la hospitalidad era un privilegio que no todos los extranjeros podían tener. Prueba de ello dan las *Argonáuticas* de Apolonio de Rodas, cuando Jasón

16. Cf. R. A. Santiago Álvarez, «Esquilo, *Las suplicantes:* una "hospitalidad" plasmada en leyes», *Faventia* 2 (2013), pp. 57-74.

17. Esquilo, «Las suplicantes», *op. cit.*, 922.

y los argonautas intentan retomar su travesía desde la isla de los doliones. Estos, que habían tratado hospitalariamente a los argonautas, los rechazan cuando el oleaje los devuelve por la noche y, asustados ante lo que piensan que es una inminente invasión de sus tierras, alzan sus armas contra ellos.[18] Los doliones, que al ser de noche no pueden reconocer a sus antiguos huéspedes, no tienen motivos para comportarse de acuerdo con las normas de la hospitalidad e interpretan el desembarco como una agresión, lo que justifica su ataque contra los que presuponen invasores.

Así, el aspecto central de la hospitalidad griega es la cooobligación que une al hospedador y al huésped en una serie de prácticas ritualizadas cuyo incumplimiento acaba con los privilegios que reconoce dicha práctica. Por eso cuando el heraldo enviado por los hijos de Egipto no respeta los procedimientos hospitalarios, como encontrar un *próxenos*[19] que actúe como intermediario con la ciudad para solicitar su asilo, tanto el heraldo como los hombres que lo envían pierden toda posibilidad de ser considerados huéspedes. Así, de la misma forma que Zeus Hospital castiga a aquel que no cumple con los deberes de hospitalidad cuando se encuentra con un suplicante, también castiga a aquel que abusa o incumple sus obligaciones como huésped. Los ciudadanos de bien, dice Sócrates, no son los que acogen o excluyen a los extranjeros sin ningún criterio, sino los que conocen la manera de hacerlo adecuadamente.[20] Esta restricción de la hospitalidad, que no es absoluta ya que responde ante unas normas que ambos agentes, hospedador y huésped, deben cumplir, nos muestra su compleja institucionalización. Si en las epopeyas homéricas la *xenía* privada convertía a los suplicantes y huéspedes en hermanos «para todo varón no insensato del todo»,[21] en los

---

18. Apolonio de Rodas, *Argonáuticas*, Madrid, Gredos, 1996, I, 1015-1025.
19. Esquilo, «Las suplicantes», *op. cit.*, 917-921.
20. Platón, «Menón», en *Diálogos*, vol. II, Madrid, Gredos, 1987, 91a 1-5.
21. Homero, *Odisea*, *op. cit.*, VIII, 544.

siglos V y IV, con Esquilo y Platón, asistimos a una hospitalidad del ámbito público más restringida y codificada que, en los siglos venideros, derivará en la forma del *hospitium* romano.

2. El hospitium *romano*

Para los griegos, el extranjero aparece, en esta costumbre de la hospitalidad, como amigo-huésped en tanto que, recordemos, este era enviado por las divinidades e, incluso, a veces, eran los propios dioses los que adquirían la forma del suplicante. Por el contrario, la noción latina de huésped, *hostis* —derivada del término *hospes*—[22] es un poco más compleja y es una puerta de acceso para pensar la hospitalidad en nuestro presente. El *hostis* también puede ser, además del huésped amigo, el extranjero hostil, el enemigo. Se introduce aquí la posibilidad de que el que llama a la puerta solicitando ayuda no sea solo un suplicante enviado por los dioses, sino un hombre hostil con voluntad de hacer daño al pueblo al que llega. No obstante, no debemos olvidar que el *hospitium* romano es heredero de la práctica de la *xenía* griega y, por consiguiente, al menos en su origen, también estuvo fundamentado en la legislación divina. Todavía en tiempos de Tiberio, narra Tácito en sus *Anales*, los representantes de diferentes ciudades de Asia Menor defendían ante el Senado su derecho de asilo confiándose «en antiguas supersticiones o en sus méritos respecto al pueblo romano».[23]

La literatura romana, igual que los escritos políticos, está plagada de escenas muy similares a las epopeyas griegas. También sus héroes buscan refugio y tienen a los dioses de su parte. Y estos, por su parte, son igual de coléricos y vengativos que los

22. É. Benveniste, *Vocabulario de las instituciones indoeuropeas*, Madrid, Taurus, 1983, pp. 58-62.
23. Tácito, *Anales*, vol. I-VI, Madrid, Gredos, 1979, III, 60, 2.

dioses griegos, que no vacilan en hundir las casas de aquellos que no los han acogido. Por ejemplo, Ovidio, en su *Metamorfosis*, describe la hospitalidad que Baucis y Filemón, un matrimonio de ancianos, ofrecieron a Júpiter y a su padre, que lucían como mortales, cuando el resto de los habitantes de los campos Pelopeos se la habían negado.[24] El autor hace pasar a los dioses por todo tipo de escenas poco probables para unos seres superiores: debido a la pobreza de sus anfitriones, las divinidades deben arroparse con mantas viejas y no reciben vino ni comida. Sin embargo, cuando se produce la epifanía de los dioses y estos se muestran a sus anfitriones como seres divinos, les ofrecen la concesión de un deseo, ya que han respetado la práctica hospitalaria. El matrimonio tan solo pide morir a la vez cuando les llegue el momento —algo que los dioses cumplirán pasados unos años—. Además, para recompensar su hospitalidad, Júpiter y Saturno convierten la humilde casa del matrimonio en un templo, del que los ancianos pasan a ser los sacerdotes, y castigan a sus vecinos haciendo subir el cauce del río e inundando sus casas. En este sentido, esta escena representa el arquetipo de la *xenía* griega, que, ahora narrada por un romano, conforma el *hospitium*.[25] Y, sin embargo, debemos atender a los quiebros y a las rupturas en la aparente continuidad, como evidencia la connotación negativa del término *hostis* como posible enemigo.

A medida que Roma implementa más leyes que regulan el acceso a la ciudadanía, como vimos en el capítulo anterior, la práctica de la hospitalidad se debilita. A pesar de las coincidencias entre los momentos hospitalarios de las *Metamorfosis* y la *Odisea*, no podemos olvidar el contexto político en el que se producen ambas historias. A diferencia de lo que sucedía en Grecia, donde el extranjero o suplicante se integraba como meteco, en Roma,

24. Ovidio, *Metamorfosis*, vol. VI-X, Madrid, Gredos, 2012, VIII, 626-724.
25. Cf. C. Martín Puente, «Vino, banquete y hospitalidad en la época griega y latina», *Revista de filología Románica* V (2007), pp. 21-33.

más que una relación entre romanos y extranjeros, la voluntad de expansión del Imperio desplazó la hospitalidad hacia una polaridad entre romanos y todavía-no-romanos. No hay necesidad de mantener al extranjero como no-miembro cuando se pueden implementar los mecanismos legales para que sea ciudadano romano —y esté sujeto a las mismas obligaciones y derechos que el resto de los ciudadanos—. Así, Tito Livio nos habla de un *hospitium* que ya no se encuentra dirigido a los extranjeros y suplicantes, sino a los altos cargos políticos, y nos brinda un ejemplo de esta práctica en la intervención de Marcio en el Senado en favor del rey Perseo que fue animada por «la hospitalidad que unía a [sus] padres».[26]

En Roma, la hospitalidad heredada por los griegos, entendida como refugio debido a los suplicantes, queda reducida al ámbito literario. Prueba de ello es la estupefacción de Diodoro de Sicilia ante los celtíberos, que, a pesar de ser crueles con sus enemigos, son «moderados y humanos con los extranjeros».[27] Los extranjeros que llegan a su país, narra el historiador siciliano, piden alojamiento y casa, y los celtíberos «rivalizan entre ellos en hospitalidad». La hospitalidad romana se aleja del asilo a los necesitados para pasar a ser una práctica entre mandatarios que, no obstante, se mantiene profundamente ritualizada. Así como la *xenía* griega regulaba cómo debían comportarse los hombres que establecen y gozan de un pacto de hospitalidad, desde el vino que se sirve hasta los regalos que deben darse,[28] el *hospitium* romano instituye las maneras que deben guardar las personas involucradas. Como sucedía en la *Ilíada*, el carácter del hombre se revela también en el cumplimiento o la violación de estas normas. Así, no debe

26. Tito Livio, *Historia de Roma desde su fundación*, vol. XLI-XLV, *op. cit.*, XLII, 40, 11.

27. Diodoro de Sicilia, *Biblioteca histórica*, vol. IV-VIII, Madrid, Gredos, 2004, V, 34.

28. Homero, *Odisea*, *op. cit.*, I, 310.

sorprendernos que Cicerón, en la acusación contra Gayo Verres, utilice en su contra el quebrantamiento de las maneras debidas en la relación de hospitalidad con Estenio. Según la acusación que realiza Cicerón, Verres se había aprovechado de la hospitalidad brindada por Estenio y, además de robar parte de los bienes que este tenía en su hogar, persiguió a la esposa de su anfitrión.[29] La intervención de Cicerón no permite malentendidos: un hombre que no respeta el derecho ni el título de hospitalidad no es más que una «bestia feroz».[30] Así, la acusación se dirige hacia aquel que, aprovechándose de su estatus de mandatario, abusa de la hospitalidad que le ofrece un ciudadano romano.

Si, por un lado, la ciudadanía romana, en comparación con la ateniense, era una herramienta jurídica bastante más integradora, la hospitalidad romana, una vez que el dispositivo de la ciudadanía cumple la función de incluir a los extranjeros, se traiciona hasta convertirse en la *hospitalitas* del año 396, es decir, una hospitalidad debida a los soldados romanos en sus misiones. Y, sin embargo, incluso cuando el término *hospis* ya no sirve para referirse al amigo-huésped de los griegos, los poetas romanos parecen encontrar algún tipo de valor en el arquetipo del suplicante griego. Así, no podemos olvidar que el relato fundador de Roma, al menos el que aprobó Augusto, es incomprensible sin la hospitalidad brindada por la reina Dido a Eneas y sus compañeros. Basten a modo de ejemplo las palabras que Ilioneo dirige a la reina de Cartago para recordarle que la hospitalidad excede la ley de los hombres y que, no tratándose de enemigos, la reina debería respetar la acogida que solicitan los troyanos:

Pocos hemos logrado acercarnos nadando a vuestras playas./
Pero ¿qué hombres son estos, qué pueblo tan salvaje tolera tales

29. Cicerón, «Verrinas», en *Discursos*, vol. I, Madrid, Gredos, 1990, II, 111-116.
30. *Ibid.*, vol. II, V, 108.

prácticas? / Se nos niega acogernos a una playa. Nos hacen la guerra, impiden / que pongamos el pie ni siquiera en la linde de su tierra. / Si sentís menosprecio por el género humano y las armas de los hombres, / poned la vista al menos en los dioses que no olvidan lo que es justo y lo injusto.[31]

*

Quien lea estos versos de Virgilio puede encontrar similitudes con nuestro presente, susurros de hace más de dos mil años que siguen teniendo sentido y que nos resultan misteriosamente familiares. Los refugiados y solicitantes de asilo, los migrantes que, como escribe Maurizio Bettini,[32] se parecen a los troyanos de la *Eneida*, solo quieren pisar la tierra con sus pies. Si los versos de la *Eneida* tienen algo que decirnos hoy es porque no ha pasado tanto tiempo. Nos interpelan porque compartimos situaciones análogas: hombres que escapan de situaciones de guerra, de miseria y abuso a los que debemos dar respuesta. Si la *Eneida* no es un texto agotado es porque, inevitablemente, cuenta una historia que nos involucra. «Aquí y allí se ven nadando algunos náufragos por entre el vasto abismo», escribe Virgilio.[33] También hoy los vemos, pero nuestra hospitalidad ya no está dictada por los dioses.

31. Virgilio, *Eneida*, Madrid, Gredos, 1997, I, 538 ss.
32. M. Bettini, *Homo sum. Essere «umani» nel mondo antico*, Turín, Einaudi, 2019, p. 4.
33. Virgilio, *Eneida*, *op. cit.*, I, 117.

II

La ciudadanía y sus márgenes

Hay una cierta monótona uniformidad en los destinos de los hombres. Nuestras existencias se desarrollan según leyes viejas e inmutables, según una cadencia propia uniforme y vieja. Los sueños no se realizan jamás, y apenas los vemos rotos, comprendemos de pronto que las mayores alegrías de nuestra vida están fuera de la realidad. Apenas los vemos rotos, nos oprime la nostalgia por el tiempo en que bullían dentro de nosotros.

NATALIA GINZBURG[1]

[...] Y está bien lo de exigir lo de la Convención y los derechos humanos y todo, pero no quieren meter el tema de la ley de extranjería para no enturbiar las cosas, me dijo.

BRENDA NAVARRO[2]

1. *Las pequeñas virtudes*, Barcelona, Acantilado, 2002.
2. *Ceniza en la boca*, Madrid, Sexto Piso, 2022.

La patria sarà quando
tutti saremo stranieri.
FRANCESCO NAPPO[3]

3. *Poesie 1979-2007*, Macerata, Quodlibet, 2007.

4. *Ius soli* y *ius sanguinis:* ciudadanía y Estado nación

La alargada sombra del mito ateniense de autoctonía y de la ciudadanía romana llega hasta nuestro presente. Desde luego, la ciudadanía de entonces no es la misma que la de ahora. Sin embargo, hay coincidencias que debemos examinar porque de lo que se trata no es tanto de pensar a través de la ciudadanía, sino, más bien, alrededor de sus contornos. En este sentido, más que encontrar un momento inaugural de la ciudadanía moderna, deberíamos dirigirnos hacia las torsiones y deformaciones que ha sufrido desde su formulación en los relatos míticos de autoctonía hasta nuestros días. Una forma recurrente para explicar el surgimiento del modelo de ciudadanía de los Estados modernos es apelar a la ruptura con el Antiguo Régimen y situar el tránsito del hombre como súbdito al hombre como ciudadano. Y aunque es tentador explicar la ciudadanía desde esta perspectiva, sobre todo porque nos permite encontrar un momento fundacional desde el que partir, como subraya Pietro Costa, es poco riguroso.[1] Si definimos la ciudadanía, de forma aproximativa y provisional, como el mecanismo que regula la pertenencia a un régimen jurídico y establece los derechos de su titular, entonces no parece

---

1. P. Costa, «La cittadinanza: un tentativo di ricostruzione "archeologica"», en D. Zolo (ed.), *La cittadinanza. Appartenenza, identità, diritti*, Roma-Bari, Laterza, 1999, p. 55.

tan claro que la ciudadanía sea un acontecimiento propio de los Estados modernos liberales. En este sentido, el Estado absolutista también puede entenderse como una forma política que ofrecía pertenencia —en cuanto súbdito— y derechos —determinados por los estamentos—. Buscar el origen de la ciudadanía moderna tiene sus inconvenientes, pues más que momentos inaugurales absolutos, lo que nos encontramos son rupturas que no abandonan totalmente las fórmulas que la precedieron.

No obstante, hay un momento que interrumpe y modifica la condición de la ciudadanía y que debemos tener en cuenta para examinar qué cambios introduce y qué presupuestos conserva. Me refiero al fin de los privilegios derivados del Antiguo Régimen que acontece de la mano de la *Declaración de los derechos del hombre y el ciudadano* del 26 de agosto de 1789. Como ha señalado Ferrajoli, la gran innovación de la Declaración de 1789 «fue haber hecho del principio de igualdad una norma jurídica».[2] La igualdad se convierte en un valor prescrito y regulado por la ley que abole la desigualdad legitimada por el sistema feudal. Tras la figura del súbdito sometido al soberano, la Declaración de 1789 establece dos sujetos a los que se les reconoce diferentes derechos: el hombre y el ciudadano. En su primer y segundo artículo, la Declaración sanciona que los hombres nacen y permanecen libres e iguales. Los derechos del hombre son los derechos de libertad, mientras que los derechos del ciudadano son los derechos políticos. Corresponde al derecho positivo sancionar qué derechos se reconocen a todos los individuos en cuanto personas y qué derechos quedan reservados a las personas en cuanto ciudadanos.[3] Para ello, debemos tener presente que es potestad de los Estados determinar por medio de su legislación quiénes son sus nacionales —tal y como

---

2. L. Ferrajoli, *Derechos y garantías. La ley del más débil*, Madrid, Trotta, 2010, p. 79.
3. *Ibid.*, pp. 104 ss.

aparece en el convenio de La Haya del 12 de abril de 1930 concerniente a cuestiones relativas de leyes de nacionalidad—. Posteriores convenios, como el europeo sobre nacionalidad de 1997, han sancionado esta idea: corresponde a los Estados determinar quiénes son sus miembros, es decir, quiénes pertenecen a su ordenamiento jurídico en calidad de ciudadanos. Con el surgimiento de los Estados nación, nos damos cuenta de que «no hay una categoría más central en política que la de ciudadanía».[4] Esta actúa como un concepto-guía que traza los límites del Estado y que rara vez se pone en duda. Así, a través de la ciudadanía, los hombres se convierten en sujetos legítimos para disfrutar de ciertos derechos, y obligaciones, reservados exclusivamente a los miembros de un Estado.

El concepto-guía de la ciudadanía aparece emparejado, desde el surgimiento de los Estados nación, con la noción de nacionalidad. El campo semántico de la ciudadanía en los Estados liberales, que incluye términos como «igualdad» —de todos los ciudadanos—, «participación» —en las instituciones del Estado—, «soberanía» —que reside en el pueblo— o «pertenencia» —a la nación—, hace que no podamos pasar de puntillas por el concepto de nacionalidad. La tenencia del estatus jurídico de la ciudadanía, que reconoce el uso y disfrute de ciertos derechos, así como la pertenencia a la comunidad jurídico-política que los reconoce, aparece entrelazada con la noción de nacionalidad.[5] Esta indica la pertenencia a una nación, es decir, alude a la condición de miembro de una entidad cultural con tradición común, pero no pone su acento sobre la participación política. De esta forma, puede haber nacionales que no gocen de los derechos políticos reservados a los ciudadanos (por cuestión de edad, pero también, en algunos Estados, por condenas judiciales). El motivo

4. J. Shklar, *American Citizenship. The Quest for Inclusion*, Cambridge, Harvard University Press, 1991, p. 2.
5. J. C. Velasco, *El azar de las fronteras*, Ciudad de México, FCE, 2016, p. 42.

por el que se produce la sinonimia entre nacionalidad y ciudadanía responde, principalmente, a que para ser ciudadano de un Estado y poder gozar de los derechos reconocidos a los individuos que ostentan este estatus es necesario ser nacional. Así, para pertenecer a la comunidad política del Estado hay que ser miembro de la nación y, en consecuencia, la nacionalidad se ha convertido en un elemento central sin el cual no puede comprenderse la ciudadanía. Cada término hace referencia, en un sentido jurídico, a «una estructura legal diferente»,[6] aunque se trate del mismo concepto. La coincidencia entre nacionalidad y ciudadanía pone de manifiesto la dependencia de ambos términos, pero, además, esta co-pertenencia plantea serios problemas a los Estados en los que residen personas que no son nacionales de ese país. Si para ser ciudadano de pleno derecho, es decir, si para poder participar y pertenecer a la comunidad política es necesaria la nacionalidad, entonces aquellos individuos que carecen de ella solo pueden ser expulsados a sus márgenes. Mientras sea necesaria la nacionalidad para convertirse en sujeto pleno y acceder a la totalidad de derechos de un Estado, la distinción entre ambos términos no dejará de ser frágil. ¿Pero cómo se inscribe la vida en la nación y, por tanto, en el ordenamiento jurídico de un Estado? ¿Cuál es el camino que lleva del hombre al ciudadano?

1. *La sangre caduca y el suelo no es fértil*

El derecho romano inaugura la adscripción de la vida al ordenamiento jurídico a través de la concesión de la ciudadanía bajo las fórmulas del derecho de sangre *(ius sanguinis)* y el derecho de suelo *(ius soli)*. Todavía hoy, los dos principales mecanismos

---

6. S. Sassen, *Contrageografías de la globalización. Género y ciudadanía en los circuitos fronterizos*, Madrid, Traficantes de Sueños, 2003, p. 110.

de acceso a la comunidad política de nuestros Estados son los mismos que usaban los romanos. A través de estos dos principios, la vida ingresa en el ordenamiento jurídico y la persona se convierte en nacional y, por tanto, en ciudadano de un Estado. Sin embargo, puesto que son los Estados los que asumen la prerrogativa de establecer los requisitos de estas dos fórmulas jurídicas, el derecho de sangre y el derecho de suelo tienen muchas variantes. Precisamente porque ambas fórmulas son suficientemente vagas, la situación jurídica de un individuo puede cambiar de forma determinante en función del país en el que se encuentre.

En términos generales, el derecho de sangre *(ius sanguinis)* permite la adquisición de la ciudadanía a través de la filiación sanguínea. La línea de parentesco se convierte en el punto central que determina la ciudadanía que un recién nacido puede adquirir. El ingreso en la comunidad política se hereda de los progenitores —de uno o de los dos, que transfieren la ciudadanía al vástago a través de la sangre—. Como sucedía con los hijos de Erictonio, los ciudadanos de los Estados modernos y contemporáneos pertenecen a la comunidad política por linaje. La ciudadanía, a través del derecho de sangre, integra aquellas vidas que nacen de progenitores ciudadanos y expulsa a aquellas que nacen de padres extranjeros. El derecho de sangre, como hemos visto en los relatos míticos atenienses, ayuda a consolidar la ficción de que los habitantes legítimos de un territorio son solo aquellos que heredan ese derecho de sus antepasados. Al privilegiar la línea de parentesco, el derecho de sangre niega el acceso a la ciudadanía de aquellos individuos desplazados de otros lugares. Un Estado que reconociera a sus ciudadanos solo mediante el derecho de sangre contribuiría, como sucedía con los atenienses, a crear un mito basado en la pureza de una identidad colectiva, pero también racial, que no sufre cambios porque no permite el ingreso de elementos foráneos. Así, la posibilidad de convertirse en sujeto de pleno de derecho, es decir, de pertenecer a la comunidad y de participar en la esfera política, depende única y exclusivamente de la filiación sanguínea.

Aunque el derecho de sangre parezca sencillo, las combinaciones con el derecho de suelo y el tránsito transfronterizo hacen que los Estados puedan determinar hasta cuándo reconocen el vínculo de sangre con la comunidad política. Esto quiere decir que la sangre que permite el ingreso en la comunidad política, a discreción de los Estados, no tiene por qué ser necesariamente la de los progenitores. En algunos casos, Estados como España, Italia o Alemania reconocen la posibilidad de adquirir la ciudadanía por el derecho de sangre a través de una vinculación de segundo grado. La conservación de la pureza transmitida por la sangre, a veces, y para algunos Estados, funciona como una *transfusión*. La sangre se convierte en un elemento político del que los gobiernos se sirven para regular el acceso a su comunidad. Así, es una decisión política la que tiene la capacidad de determinar cuándo la sangre caduca —por qué en algunos casos sí es suficiente con una filiación de segundo grado y por qué en otros no—. Desde este punto de vista, el derecho de sangre muestra el enclaustramiento característico de la identidad nacional y de la etnicidad ficticia que lo acompaña y, precisamente por esto, no consigue dar cuenta de las realidades sociales producto de la mundialización.[7] El migrante desenmascara al Estado y desacredita su pretendida pureza de la sangre; su presencia es necesariamente subversiva porque rompe con el relato identitario de la nación y, por eso, resulta intolerable. En pocas palabras, el *ius sanguinis* produce una comunidad imaginaria construida a partir de símbolos, ficciones y mitos que se vinculan a la sangre y, de forma velada, a la etnicidad.

7. É. Balibar, *Nosotros, ¿ciudadanos de Europa? Las fronteras, el Estado, el pueblo*, Madrid, Tecnos, 2003, p. 29.

4. *Ius soli* y *ius sanguinis:* ciudadanía y Estado nación

El derecho de suelo *(ius soli)* otorga la ciudadanía a aquellos individuos que han nacido en un territorio, sin importar la ciudadanía de los progenitores. En el corazón de este mecanismo ya no está el linaje, sino el lugar. Así, en este derecho hay una premisa diferente al *ius sanguinis:* el nacimiento en suelo nacional tiene la capacidad de transformar la vida que nace y convertirla en ciudadana. Si el nacimiento se produce en los límites del Estado, entonces el nuevo vástago se viste con el traje del ciudadano. Ya no es una simple vida biológica, podríamos decir con Agamben, la que acontece con el nacimiento, sino una verdadera transmutación en vida política.[8] Como sucede con el derecho de sangre, cada Estado se arroga la potestad para introducir significativas modificaciones en el derecho de suelo. Así, en un país como Estados Unidos, por ejemplo, donde el *ius soli* no tiene restricciones, el territorio es fuente de legitimación suficiente para inscribir la vida en el ordenamiento jurídico. Otros países, como España, consideran que el nacimiento en suelo estatal no es suficiente y que, por tanto, debe ser reforzado por otras circunstancias.[9] En este sentido, un derecho de suelo con restricciones da lugar a paradojas como el caso de niños con la nacionalidad de un país que nunca han visitado, a los que el Estado en el que nacieron y han vivido solo reconoce como residentes, pero no como miembros. Italia, por ejemplo, tiene un modelo mixto por el cual los hijos de personas extranjeras nacidos en territorio italiano heredan la nacionalidad de sus progenitores hasta que cumplen la mayoría de edad, momento en el cual pueden solicitar la ciudadanía italiana con la condición de renunciar a la que heredaron de sus padres. Sin embargo, que estos mecanismos sean las dos formas de acceso a la ciudadanía al momento del nacimiento no quiere decir que ambos sean, al menos simbólicamente, igual de legítimos.

8. Cf. G. Agamben, *Homo sacer. El poder soberano y la nuda vida*, Valencia, Pre-Textos, 1998, pp. 151-171.
9. Cf. Código Civil, artículos 17-22.

Como le pasó a Pablo de Tarso, seguimos siendo todo lo griegos que los romanos quisieron que fuéramos y, simbólicamente, la ciudadanía por sangre parece más valiosa que la adquirida a través del derecho de suelo. Aquellos preocupados por la «esencia nacional», signifique esto lo que signifique, parecen molestos con la posibilidad de que, jurídicamente, las personas con padres extranjeros se conviertan en iguales. En el contexto de la ortodoxia nacional, el *ius sanguinis* es la vía más auténtica de pertenencia a la comunidad política, mientras que el *ius soli* es el camino que deben tomar aquellos que «no tienen el nacimiento de su lado (sus "nobles ascendientes" de la nacionalidad)».[10] Ahora bien, uno podría preguntarse: ¿a qué sangre hace referencia el *ius sanguinis*? A la sangre que se vincula a la tierra y que garantiza el reconocimiento de unos derechos, a una sangre mítica. No es la sangre del parto, ni tampoco la sangre derramada por el soldado en el campo de batalla. Es una sangre retórica que transmite un linaje. La árida tierra del Estado nación distingue, y toda distinción es también un abandono, la sangre a la que se une en el vínculo de la ciudadanía y la sangre que aborrece por extraña. Así, por mucho que el derecho de suelo pueda garantizar la ciudadanía en términos jurídicos, dicha práctica puede seguir generando sospechas entre aquellos que se proclaman testigos de la «identidad nacional». Cada cierto tiempo, en el plano simbólico, el *ius soli* es puesto en duda por aquellos que privilegian la sangre y que, como si el binomio de acceso a la ciudadanía no fuera ya lo suficientemente estrecho, quieren reducirlo a un único término.

En *Los orígenes del totalitarismo*, Arendt denunció cómo a través de la unión entre nacionalidad y ciudadanía se definió, como una característica relevante de los Estados, la homogeneidad de

---

10. A. Sayad, *La doble ausencia: de las ilusiones del emigrado a los padecimientos del inmigrado,* Barcelona, Anthropos, 2010, p. 342.

su cuerpo político. El sintagma «sangre y tierra» *(Blut und Boden),* explica Agamben, suele ser recordado como la esencia de la ideología nacionalsocialista:

> Cuando Rosenberg pretende sintetizar en una fórmula la visión del mundo de su partido recurre precisamente a esa endíadis. «La visión del mundo nacionalsocialista —escribe— arranca de la convicción de que la sangre y el suelo constituyen la esencia de la germanidad, y que, por tanto, es la referencia a estos dos datos lo que debe orientar una política cultural y estatal».[11]

Sin embargo, nosotros ya sabemos que el par sangre-suelo no es una excepción del régimen nacionalsocialista, sino una constante del derecho romano que perdura en nuestros Estados liberales, y la pretendida uniformidad de la comunidad política que estos dos principios ofrecen se ve constantemente amenazada por la presencia de residentes que no comparten la misma ciudadanía. El derecho de sangre y el derecho de suelo contribuyen a crear esa ficción según la cual, como sugería Platón, la mejor comunidad política es aquella en la que sus miembros son iguales. Estos dos derechos que regulan la adscripción a la comunidad —en tanto que solo gracias a estos los habitantes pasan a ser sujetos plenos de justicia incluidos en el ordenamiento jurídico— revelan, además de su herencia mítica, su valencia inmunitaria como delimitadora y protectora de la comunidad.

A través de la categoría de ciudadanía, el sistema jurídico produce una comunidad homogénea a la que protege impidiendo que individuos extraños formen parte de ella. Como ha mostrado Esposito en su celebrada obra *Immunitas. Protección y negación de la vida,* el derecho expone su función inmunitaria, de protección, cuando impide el acceso de personas extrañas que podrían alterar,

---

11.   G. Agamben, *Homo sacer, op. cit.,* p. 164.

transformar o corromper la comunidad política.[12] El sistema inmunitario de los sistemas sociales se define a partir de todos los procedimientos de los que dispone un Estado para conservar, proteger y guarnecer los límites de aquello que consideran propio. En este sentido, el derecho es la mayor herramienta inmunitaria de la que disponen los Estados y, a su vez, la ciudadanía, a través de los derechos de sangre y suelo, es su dispositivo principal. La membresía se apoya en el reclamo que el individuo hace como propietario de un derecho —el de ciudadanía— y, de esta forma, la pertenencia es concebida en el sentido de una propiedad del sujeto. Así, el derecho expone su vertiente inmunitaria al definir los requisitos que deben satisfacer sus miembros y controlar el acceso al terreno que custodia. Una vez que han sido identificados aquellos miembros que forman parte de la comunidad, se hacen visibles aquellos que no forman parte y que, por tanto, son extraños —extranjeros— a la comunidad política.

El sistema jurídico basado en el par inclusión-exclusión opera a través de la noción de ciudadanía y extranjería como dos representaciones opuestas y complementarias. Es indispensable asumir el carácter inmunitario del derecho puesto que, a través de la exclusión del que no puede acceder a él, es decir, del privilegio que tiene el que posee un derecho, se constituyen las fronteras de la comunidad que debe proteger. La capacidad exclusiva del ciudadano de participar en política —de formar parte de la estructura democrática del Estado en el que habita— es señalada por Kant en la «independencia *(sibisufficientia)*»[13] que le corresponde a él como único miembro pleno de la comunidad. De esta forma, el mito de la ciudadanía, en primer lugar, como discurso a través de relatos, y, después, en sus formulaciones jurídicas, ayuda a establecer una frontera entre el interior que debe

---

12. R. Esposito, *Immunitas. Protección y negación de la vida*, Buenos Aires, Amorrortu, 2005, p. 10.

13. I. Kant, *Teoría y práctica*, Madrid, Tecnos, 2006, p. 33.

ser protegido y el exterior del que hay que protegerse. Así, la ciudadanía, fundamentada en el mito de la sangre y el suelo, establece los cimientos de una identidad colectiva que se preserva a condición de evitar el contacto con el extranjero.

Aunque la cuestión de la ciudadanía a veces se presenta como un simple problema de participación política, conviene recordar que también hay derechos de libertad, que en principio conciernen al hombre en cuanto persona, que también son reservados a los ciudadanos. El derecho de residencia y el de circulación dentro del territorio son derechos de libertad de los que se excluye a las personas que no son ciudadanas. Así, la libertad de movimiento se convierte en un bien que se distribuye de forma desigual y opera como un factor de estratificación. El dispositivo de la ciudadanía cartografía a los individuos dentro de un territorio y produce dos tipos de sujetos que tienen diferentes derechos: los propios y los impropios, los ciudadanos y los residentes —que se encuentran siempre bajo sospecha—. En este sentido, aunque ambos sujetos habiten una misma comunidad, solo unos forman parte de ella. Lo mismo sucede con los derechos sociales, en principio atribuibles a la persona, que establecen las obligaciones de prestaciones de servicios por parte del Estado. Por lo tanto, cuando hablamos de ciudadanía y residencia no se trata nunca de una distinción que afecte exclusivamente a los derechos políticos, que en cualquier caso no sería un problema menor, sino, más bien, de algo que atraviesa y condiciona la existencia misma de los individuos.

La posibilidad de convertir la vida como acontecimiento biológico en vida política depende de dos eventos en los que el ser humano no tiene ninguna posibilidad de intervenir: su filiación parental y su lugar de nacimiento. Convivimos con la nacionalidad como si se tratara de un hecho natural, en lugar de como lo que es: una cualidad que confiere la legislación del país en el que se nace o del que son nacionales los progenitores. Así, la ciudadanía es un estatus adquirido azarosamente, una verdadera «lotería del nacimiento».[14] No solo se precisa nacer de unos determinados padres y en un lugar particular, sino, también, en un territorio que, en el ejercicio de su soberanía, reconozca esa vida como política, es decir, como vida ciudadana. En este sentido, como subraya Velasco, la ciudadanía no es, ni puede ser, una cualidad moral puesto que no depende de las actitudes del individuo.[15] Que gran parte de las condiciones vitales obedezca a unos acontecimientos fortuitos en los que la persona no ha tenido ninguna capacidad de intervención es algo que, por lo menos, deberíamos cuestionar. La sangre heredada —solo hasta un cierto grado— y el lugar de nacimiento son dos circunstancias azarosas que la persona no puede reivindicar como propias —en el sentido de producidas por su acción—.

Una vez que sabemos que el dispositivo jurídico de la ciudadanía es determinante para las posibilidades y condiciones de vida, debemos confrontarlo y examinar si se trata de una herramienta deseable. ¿En qué sentido sería justificable que algo de lo que no son responsables los individuos desempeñará un papel tan determinante en sus vidas? En términos de justicia, ¿cómo podríamos defender la legitimidad de mecanismos que inscriben la vida en el ordenamiento jurídico-político a partir de circunstancias azarosas? ¿Cómo podemos afirmar el reconocimiento de la igualdad de todos los seres humanos si el linaje o el lugar de nacimiento tienen la capacidad de determinar sus oportunidades de vida?

*

Resulta difícilmente justificable que la reflexión jurídica, sociológica y de la filosofía política evite confrontarse con el disposi-

---

14. A. Shachar, *The Birthright Lottery. Citizenship and Global Inequality*, Cambridge, Harvard University Press, 2009.
15. J. C. Velasco, *El azar de las fronteras*, *op. cit.*, p. 13.

tivo de la ciudadanía. Aún más complicados de defender son los intentos de utilizar esta noción como si hiciera alusión al conjunto de los residentes que habitan en un Estado. Debemos pensar los lenguajes y las taxonomías que empleamos para abordar nuestro mundo, puesto que estos responden a relaciones de poder y de verdad. Precisamente, como hemos visto en el capítulo anterior, las nociones de autoctonía y ciudadanía son el resultado del triunfo de ciertos relatos que, una vez aceptados, se han cristalizado en un dispositivo jurídico. En este sentido, asumir la condición de ciudadanía como un evento natural impide el reconocimiento de esta como lo que es: un dispositivo jurídico que puede ser matizado, corregido e, incluso, abandonado. Una mirada atenta al recorrido de la ciudadanía evidencia que la distinción entre miembros legítimos y residentes no ha dejado de transformarse. En este sentido, la exclusión que produce el dispositivo de la ciudadanía, así como los mecanismos que regulan el acceso desigual a determinados derechos, es decir, la jerarquía jurídica que se establece entre sus residentes, es la esencia misma de la forma de la nación. La frontera que lacera la comunidad, que traza quién pertenece como miembro de pleno derecho y quién reside bajo sospecha, se desplaza.

5. El residuo de la diferencia: estrategias de domesticación

La unión entre el Estado como organización política y la nación como conjunto de valores y costumbres alentadas por el sentimiento patriótico no fue casual. El abandono de las Iglesias de «los descendientes republicanos de los imperios sacros»,[1] escribe Bauman, arrojó a los nacientes Estados a inventar nuevos relatos míticos sobre los que construir un sentimiento patriótico. La justificación del monopolio de la coerción del Estado soberano y el cumplimiento de los valores cívicos encontró su lugar en la exaltación de los relatos patrióticos sobre el origen o la historia de cada nación. Como sucedía con el orgullo ateniense, el patriotismo se nutre de relatos míticos y heroicos que enraízan el compromiso cívico de sus ciudadanos en la tierra en la que habitan. Si se produce la sinonimia entre nacionalidad y ciudadanía se debe a que ambos términos pueden considerarse la ecuación fundadora de los Estados modernos. Así, la sangre y la tierra no solo proporcionan arraigo en la ciudad, también proveen una forma de ser, unos valores compartidos por todos aquellos cuyas vidas se han inscrito en la ciudad a través del nacimiento, de forma natural.

---

1. Z. Bauman, *La sociedad sitiada*, Buenos Aires, FCE, 2008, p. 15.

Como sugería Platón,[2] la cuestión no es la veracidad de los mitos sobre la constitución de la ciudad sino, sobre todo, cómo estos condicionan la forma de actuar y de ser de todo un pueblo. La alianza entre la nación y el Estado se evidencia en la forma histórica de su co-imbricación: la nación legitima las demandas disciplinarias del Estado y este, a su vez, ofrece un marco jurídico-político a las necesidades identitarias de la nación. Desde esta perspectiva, la nación se piensa como un *éthos*, una suerte de gobierno del *nómos* que propicia un régimen sostenido en la tradición que convierte cualquier interferencia en la sagrada costumbre en algo parecido a un crimen.[3] Se trata de un proceso que permite sacralizar los vínculos con la nación a través de formas rituales, narraciones míticas y héroes a los que reverenciar e imitar que justifiquen la pertenencia a la comunidad política. La nación es la entidad colectiva que detenta la soberanía y el recolector simbólico de la participación política de sus ciudadanos, pero, sobre todo, es el cuerpo que permite la integración y ofrece auxilio a sus propios miembros a cambio de su compromiso y disponibilidad para el sacrificio.[4] El Estado nación se presenta, entonces, como la fuerza centrípeta que permite la unión de sus ciudadanos.

El modelo decimonónico del Estado nación corrige las premisas de la Revolución francesa. Frente a la interpretación mecanicista del Estado, el siglo XIX hace hincapié en el carácter vital del Estado nación. Este no es una máquina, el resultado de una invención o de una necesidad, el fruto de un pacto, sino, más bien, una realidad viva —un pueblo— que obedece a su historia y a su espiritualidad. Además, el individuo hunde sus raíces en la historia de la nación a la que pertenece, es el fruto del devenir

2. Cf. Platón, «República», en *Diálogos*, vol. IV, Madrid, Gredos, 1988, II, 377b.
3. Cf. R. Sennett, *El extranjero. Dos ensayos sobre el exilio*, Barcelona, Anagrama, 2014, pp. 79 ss.
4. P. Costa, *Ciudadanía*, Madrid, Marcial Pons, 2006, p. 93.

histórico de la comunidad en la que se inscribe y aquellos que, por voluntad u obligación, salen de sus territorios, no pueden sino ser como aquellas plantas que, trasplantadas, no consiguen volver a echar raíces. De esta forma, quienes no residen en el Estado en el que nacieron y no viven en contacto con las costumbres de su nación solo pueden ser sujetos sufrientes, hombres que más bien parecen «pacientes sometidos a una amputación quirúrgica».[5] En este sentido, el miedo al contagio como consecuencia de los movimientos migratorios, desde el punto de vista del que se va y del que recibe, promueve la consolidación del lazo que une la nación con el nacimiento. Así, el relato hegemónico sobre la migración en el XIX es el que refuerza la idea de que es necesario que los vínculos con la nación se conviertan en sagrados, sobre todo, cuando los miembros de la comunidad se encuentran lejos, desplazados, para evitar «la contaminación "subversiva" a la que expone la emigración, y que la naturalización consagra».[6]

A su vez, los movimientos migratorios transfronterizos y, sobre todo, la residencia prolongada de la población migrante en los Estados, a veces de generación en generación, evidencia la ilusión de una identidad homogénea compartida por los habitantes de un Estado. La naturalización del Estado nación introduce un imperativo geográfico —territorial— en la cultura. Esta aparece anclada en un territorio, lo que hace que, de forma natural, aquellos que nacen y desarrollan su vida en esa tierra adquieran y compartan esa cultura. Así, el territorio nacional es el garante, y a la vez el sinónimo, de la identidad —propia y compartida con aquellos que ostentan la misma ciudadanía—. De esta manera, la figura que se instaura a partir del siglo XIX, y que se mantiene en nuestros días, es la de la ciudadanía como pueblo. Este se define como un ente colectivo que, a través de un desarrollo secular,

5. R. Sennett, *El extranjero, op. cit.*, pp. 78 ss.
6. A. Sayad, *La doble ausencia: de las ilusiones del emigrado a los padecimientos del inmigrado*, Barcelona, Anthropos, 2010, p. 326.

alcanza su unidad en la participación en una cultura, en una espiritualidad y en un ordenamiento jurídico propio. Pero también, especialmente en el siglo XX, aunque nos repitamos que se trata de un pasado superado, el pueblo se piensa en la sangre.

El discurso sobre la identidad —homogénea, idéntica a sí misma— se sostiene por una determinada concepción de la comunidad. Al intentar nombrar la comunidad, el discurso filosófico-político la desvirtúa al reducirla al lenguaje conceptual del individuo y la totalidad, de la identidad y la particularidad.[7] Así, la necesidad de la filosofía de lidiar con el conflicto a través de su neutralización —en otras palabras, de sustituir el conflicto por el orden, de reducir los muchos al uno— se encuentra con la paradoja de «la constante experimentación de su factual carácter impracticable, la impresión de que algo decisivo queda fuera del campo».[8] El problema central de esta *reductio ad unum*, según Esposito, reside en la voluntad de la filosofía política de explicar la comunidad a través de la figura de lo propio y de la pertenencia. Esta caracterización de la comunidad, reivindicada por los comunitarismos, las filosofías del reconocimiento y las éticas de la comunicación, que insisten en la centralidad de la membresía, la fuerza a presentarse bajo el abanico de la unidad homogénea compartida por sus miembros.

El vértice común que permite articular estas filosofías alrededor de la noción de comunidad es la búsqueda de una propiedad que opera, con la ilusión de unir a sus miembros, como construcción de una hipóstasis colectiva —y, por supuesto, delimitar y mantener alejados a aquellos que no pertenecen a la comunidad—. La hipótesis de la que se parte, y que se articula a través del dispositivo de la ciudadanía, es que la comunidad es el resultado del uso compartido de una propiedad. O, como

---

7. R. Esposito, *Communitas. Origen y destino de la comunidad*, Buenos Aires, Amorrortu, 2003, p. 22.

8. *Id.*, *Diez pensamientos acerca de la política*, Buenos Aires, FCE, 2012, p. 36.

denuncia Esposito, «una "sustancia" producida por su unión».[9] Desde esta perspectiva, la comunidad aparece como el resultado de esta unión, que se agrega a la naturaleza individual de los sujetos y los convierte en *más* sujetos. El modelo de estas filosofías es estrictamente apropiador: asume que los miembros forman parte de la comunidad cuando comparten un rasgo distintivo —una identidad— que les permite, a su vez, diferenciarse del resto de las comunidades. De forma análoga, el Estado nación reconoce el reclamo de cada individuo —como propietario de su linaje y/o de su nacimiento— a la pertenencia y los derechos que garantiza la ciudadanía. Lo común es, entonces, aquella identidad —étnica, territorial, espiritual— que los miembros poseen y comparten: «ellos tienen en común lo que les es propio, son los propietarios de lo que les es común».[10] Así, la relación de pertenencia a un Estado no es un dato, además de accidental, sin importancia; por el contrario, es en esta pertenencia en la que el individuo puede desarrollar su existencia y alcanzar la plenitud ética.

A partir de esta urdimbre teórica, el dispositivo de la ciudadanía es una herramienta extremadamente valiosa que permite discernir entre aquellos individuos que poseen la identidad que los une y aquellos a los que esta les es ajena. La ciudadanía establece el criterio que permite distinguir entre los miembros naturales[11] y los extraños, entre los legítimos y los espurios. Existen, por tanto, dos formas de habitar políticamente una nación: una manera «natural», legitimada a través de los relatos que establecen una conexión entre el nacimiento y el territorio y, por otro lado,

9. R. Esposito, *Communitas, op. cit.*, pp. 22-23.

10. *Ibid.*, p. 25.

11. No debería resultar inocuo que el propio DLE registre esta conexión entre nacimiento y nación al reconocer en la primera acepción de «natural»: «Perteneciente o relativo a la naturaleza o conforme a la cualidad o propiedad de las cosas». La segunda, todavía más explícita, indica que «natural» se refiere a «nativo de un lugar».

una manera «extraordinaria», ilegítima, que escapa a las exigencias de la nación y que con su presencia apunta a la ficción que la constituye. Según esta lógica, pues, solo porque se es nativo, habitar en un determinado territorio es natural. Así, el *ius sanguinis* y el *ius soli* se formulan como derechos que inscriben la vida en la nación y, precisamente por esto, naturalizan la forma del Estado. Desde esta perspectiva, la retórica propia de los nacionalismos presenta los rituales, las costumbres y las creencias como herramientas de cohesión social, «pues pertenecen a la misma tierra, a la unidad de los seres humanos con *su* suelo».[12] La presencia prolongada de personas extranjeras en el Estado pone en duda la pretendida homogeneidad de sus residentes y, precisamente por eso, los procesos de naturalización se convierten en el campo de batalla en el que se aniquila cualquier posibilidad de persistencia de la diferencia. Así, hasta que se lleva a cabo el proceso de naturalización, el extranjero residente es mantenido en una especie de minoría de edad: es un no-nacional que puede participar más o menos en la sociedad, pero al que, en ninguna circunstancia, se lo reconoce como igual —y, para evidenciarlo, se lo excluye de la posibilidad de participar en algunos derechos reservados a los ciudadanos—.

1. *La integración como demanda*

Hay cierta permisibilidad con el extraño siempre y cuando no se exceda, no ocupe más lugar del que le ha sido concedido, no tome la palabra cuando esta no le haya sido dada, es decir, siempre y cuando no revele su extrañeza. Una tolerancia que permite su residencia, entre otras cosas porque su mano de obra es determinante para la economía de los Estados de acogida, a

---

12. R. Sennett, *El extranjero, op. cit.*, p. 87.

cambio de que se vuelva invisible o de que se integre. En el contexto del mercado del trabajo, la división trazada entre la mano de obra inmigrada —especialmente si esta se encuentra en situación irregular administrativa— y la mano de obra nacional sigue resultando crucial para la economía de los Estados ricos. La situación de irregularidad administrativa en la que se encuentran, en el momento en el que escribo estas líneas, medio millón de personas en España,[13] responde a los cálculos de la voluntad política. Los gobiernos implementan los procesos masivos de regularización en función de sus necesidades económicas, por eso estos procesos se han llevado a cabo bajo gobiernos de diferentes colores. Sin embargo, si la persona extranjera quiere permanecer en el Estado receptor con cierta estabilidad jurídica, es decir, si quiere acceder a un permiso de residencia —y es probable que así sea, puesto que es la única forma de tener un contrato de trabajo—, entonces debe *integrarse*.

La integración se ha convertido en un requisito exigible a las personas de origen extranjero. Es común que los Estados, que tienen la potestad de establecer los requisitos de acceso, permisos y permanencia de las personas extranjeras,[14] aludan al concepto de integración como criterio central sobre el que desarrollar sus políticas de extranjería. Para la renovación de la autorización del permiso de residencia temporal, por ejemplo, España especifica

13. Informe *Esenciales 2022* de porCausa, realizado por G. Fanjul e I. Gálvez-Iniesta. El movimiento RegularizaciónYa ha registrado una Iniciativa Legislativa Popular (con más de medio millón de firmas de ciudadanos españoles) para que el Congreso discuta y vote la regularización extraordinaria de personas extranjeras en España.

14. El Estado tiene competencia exclusiva sobre las siguientes materias: nacionalidad, inmigración, emigración, extranjería y derecho de asilo. En el caso de España, esto aparece regulado en el título VIII, artículo 149.1.2 de la Constitución española de 1978. Para un análisis más amplio de las acciones orientadas a la integración de la población migrante, véase Y. N. Soysal, *Limits of Citizenship: Migrants and Postnational Membership in Europe*, Chicago, Chicago University Press, 1994, pp. 45-82.

que «se valorará especialmente el esfuerzo de integración del extranjero que aconseje su renovación».[15] Además, es objetivo de las administraciones públicas no solo evaluar los niveles de integración de la población extranjera a través de informes sociales, sino también promover la integración social a través de políticas públicas.

Se incentiva la integración de las personas extranjeras a partir de un presupuesto teórico: «que el proceso sociológico de integración puede ser el producto de una voluntad política».[16] Así, los Estados promueven políticas públicas dirigidas a las personas extranjeras en las que la integración es un requisito determinante para valorar, en primer lugar, la posibilidad de residencia y, finalmente, la capacidad del extranjero para convertirse en ciudadano. Antes de poder convertirse en nacional, se pide al extranjero que se integre plenamente en la sociedad receptora. En el caso de España, así lo prevé la legislación tanto para los procesos de naturalización —adquisición de la ciudadanía española por residencia— como para la renovación de permisos de residencia. En este sentido, la noción de integración a la que se alude reproduce en el imaginario social la idea de una identidad común de aquellos que comparten la ciudadanía que la persona extranjera debe imitar.

La estrategia de la integración, no obstante, no se limita al campo jurídico. Para justificar por qué los procesos migratorios no deberían ser interpretados como amenazas hacia la identidad nacional, Benhabib recurre a la noción de integración: «¿Por qué debería suponer Rawls que la inmigración amenazaría una cultura política y sus principios constitucionales, a menos que dé por sentado que los inmigrantes son "elementos extraños e indóciles", que resulta improbable que puedan ser asimilados,

---

15. Ley Orgánica 4/2000, del 11 de enero, sobre derechos y libertades de los extranjeros en España y su integración social, artículo 31.7.
16. A. Sayad, *La doble ausencia, op. cit.*, p. 304.

socializados o educados en las formas de actuar del país anfitrión?».[17] Se establece así, al conservar la prerrogativa del Estado de la elección de sus miembros, un horizonte en el que los inmigrados pueden —¿deben?— ser «asimilados, socializados o educados» en las formas de actuar del país receptor. De esta forma, se convierte en requisito *sine qua non* para habitar una comunidad que aquellos que ingresen sean integrables —y, en un futuro, naturalizables—. Sin embargo, a pesar de la pretensión de concordia y consenso que parece tener la noción de integración, este proceso no es ajeno a los conflictos.

La cuestión de la integración es una cuestión, sobre todo, identitaria. El discurso sobre la integración asume que hay unos sujetos que son integradores —los ciudadanos— y otros que son integrables —los extranjeros—. Así, se establece una relación de fuerzas desigual que estriba en quién puede demandar a quién que se integre. El discurso sobre la integración reproduce el punto de vista dominante, que define aquello que se produce —las costumbres, los valores, la cultura— y que debe producirse. Se transita de un discurso aparentemente descriptivo —cómo *es* una nación— a un discurso de carácter prescriptivo —cómo *debe ser* una nación—.[18] En este escenario, el discurso sobre la integración, que se cuela en el marco de la hospitalidad, introduce la primera condición hostil: el extranjero debe dejar de hacer eso que hace para asimilar y reproducir lo que hacen los ciudadanos de la comunidad receptora. El extranjero debe manifestar la intención de querer asimilarse, de poner sus fuerzas en integrarse en el sí idéntico de la nación. Esta voluntad es valorada, positiva o negativamente, por las administraciones públicas que tienen la capacidad de decidir sobre su futuro.

17. S. Benhabib, *Los derechos de los otros. Extranjeros, residentes y ciudadanos*, Barcelona, Gedisa, 2015, p. 72.
18. A. Sayad, *La doble ausencia, op. cit.*, p. 308.

La falta de integración es responsabilidad del extranjero —por adolecer de voluntad para comprometerse con las costumbres de la nación receptora—, mientras que «la buena asimilación es puesta en el haber y en los beneficios de la sociedad que asimila».[19] La noción de integración proyecta un velo de sospecha sobre el tránsito migratorio, que debe concluir de la forma que aquella prescribe. En lugar de valorar el respeto a la legislación, como sucede con los ciudadanos, a los extranjeros se les exige que, además de demostrar su voluntad de integrarse, la lleven a término. Se realiza una valoración en términos morales de la bondad o la maldad de las personas extranjeras en función de los niveles de percepción de los ciudadanos y, en última instancia, de las administraciones públicas. Esto es lo que permite hablar de personas más o menos integrables a las que las políticas públicas deben atender. Al distinguir entre «buenos» extranjeros, los integrables, y «malos» extranjeros, los díscolos, los que carecen de voluntad por adaptarse, las personas extranjeras son sometidas a un constante examen moral.

La noción de frontera adquiere una nueva significación cuando abordamos la cuestión de la integración: no se trata solo de un confín que separa los Estados, sino también de un verdadero límite simbólico repleto de dimensiones morales y antropológicas. Al no ser reconocido como ciudadano del Estado en el que reside, el extranjero debe probar, ante el resto de los ciudadanos y las administraciones públicas, su voluntad de parecerse a los residentes legítimos. Antes de poder convertirse en un ciudadano de pleno derecho, en un *cives optimo iure*, el extranjero debe responder a la petición de integración del país receptor. Así, la integración es una herramienta política que, en nombre de una supuesta participación en valores culturales entre los ciudadanos de pleno derecho, exige a las personas extranjeras que abandonen

---

19. A. Sayad, *La doble ausencia, op. cit.*, p. 308.

una alteridad que podría resultar irreconciliable con las costumbres del país receptor. Se subordina la posibilidad de acceder a un permiso de residencia de larga duración, o de adquirir derechos políticos a través de la naturalización, a las valoraciones del nivel de integración.

Pero la integración es una noción extremadamente difusa, que parte de unos presupuestos —de igualdad de costumbres y valores de la nación—, como poco, cuestionables. En el concepto de integración la atención al marco jurídico —al respeto de las normas con carácter de ley— prácticamente desaparece. Precisamente por esto, porque lo que se evalúa en los informes de integración no es el respeto de la legislación, sino la asunción de unos supuestos valores compartidos, varios autores no han cesado de señalar el carácter colonial que acompaña a los procesos integradores.[20] Los Estados liberales, que reconocen el principio de libertad de los individuos para desarrollar sus vidas sin más limitación que la necesaria para el mantenimiento del orden público protegido por la ley, se amparan en la difusa noción de integración para excluir de la esfera social y política a las personas extranjeras. En este sentido, la exigencia de integración a unos valores que no se declaran, precisamente por la dificultad de identificarlos en un orden liberal, es una sutil violencia que se ejerce contra las personas extranjeras.

2. La raigambre como destino

Como sucedía en los relatos de Atenas, también los Estados contemporáneos han convertido el origen en destino. La exterioridad de la persona extranjera, para la concepción sustancialista de

---

20. Cf. S. Mezzadra, *Derecho de fuga. Migraciones, ciudadanía y globalización*, Madrid, Traficantes de Sueños, 2005, pp. 29 ss.

la comunidad, debe ser borrada a través del proceso de naturalización. Una vez que la integración ha sido demostrada y reconocida, es decir, cuando la alteridad que portaba consigo ha sido sometida y erradicada, puede comenzar el trasplante que prevé la naturalización. El estatus jurídico de ciudadanía del país en el que se habita es casi un requisito imprescindible para poder proyectar estabilidad en el futuro. Seguramente por esto, la naturalización se vuelve un destino deseable para las personas extranjeras —que pueden, finalmente, estar en igualdad de derechos y obligaciones con los ciudadanos de origen—. En este sentido, los procesos de naturalización se nutren de la inmigración: una vez que se renuncia a la opción de retorno, la inmigración se disuelve en la naturalización y a través de esta.[21]

Para poder devenir un sujeto de pleno derecho, para poder llegar a ser considerado miembro de la sociedad en la que reside, para poder participar en su vida política, se exige, tras la integración, un último sacrificio: abandonar la nacionalidad de origen. Una tenue violencia vertebrada por una noción sustancialista de la comunidad: para naturalizarse y poder ser parte de la sociedad, se prevé un desenraizamiento de la identidad previa. Esta interpretación sustancialista basada en la identidad nacional, al interpretar el estatus jurídico como una identidad compartida con el resto de los miembros, exige a aquellos sujetos susceptibles de convertirse en nuevos ciudadanos que renuncien a su identidad anterior. El sentido de la operación jurídico-política de la naturalización es una verdadera transustanciación que hace pasar de una nacionalidad a otra, de una sangre a otra sangre.[22]

Al ingresar en la nación en la que se reside a través de la naturalización, es decir, al ser naturalizado, la vida se inscribe en el orden jurídico-político como plenamente legítima. Este traslado

---

21. A. Sayad, *La doble ausencia*, *op. cit.*, p. 315.
22. *Ibid.*, p. 316.

desde una exterioridad, que podía ser tolerada pero no bien recibida, al interior de la nación, responde, también, a intereses del propio Estado. Si, por un lado, el no ser ciudadano del Estado en el que se reside limita provisionalmente su presencia —sujeta a las renovaciones del permiso de residencia— e impide la participación política, por el otro, el Estado muestra preocupaciones relativas al orden. Si, efectivamente, pertenecer a una comunidad como sujeto de pleno derecho, bajo la concepción sustancialista de la comunidad, tiene que ver con la identidad, entonces la naturalización se convierte en una herramienta deseable para asegurar el orden público en el sentido administrativo del término, pero, también, en el sentido sociológico referido a las costumbres y valores.

La homogeneidad nacional requiere de los procesos de naturalización para disolver la inmigración. La adquisición de la ciudadanía por este medio es una disposición del Estado que, en su ejercicio de soberanía, decide reconocer como miembros a aquellos que hasta ese momento eran extraños. No obstante, conviene recordar que la naturalización es un «dispositivo privativo e irrenunciable de la soberanía estatal»,[23] no un derecho de los residentes extranjeros —con independencia de su tiempo de residencia—. Así, la ley establece los plazos para poder solicitar la ciudadanía en función de la nacionalidad de origen —distingue entre aquellos que cree más asimilables y menos, los potencialmente naturalizables y los probablemente no naturalizables—, pero, en última instancia, es potestad del Estado aceptar o no esa solicitud. La naturalización es un contrato que no puede gestionar la persona extranjera, sino que responde enteramente a la decisión soberana del Estado —tanto en plazos como en requisitos y soluciones—. Finalmente, la adquisición de la ciudadanía se convierte así en la última frontera de la inmigración. Un límite

23. J. C. Velasco, *El azar de las fronteras*, *op. cit.*, p. 77.

que, para traspasarlo, precisa de la renuncia a la nacionalidad previa: no se puede ser leal a dos Estados a la vez.[24] Y, sin embargo, los procesos de naturalización reconocen una diferencia determinante para los nuevos ciudadanos respecto a los de origen: aquellos sí pueden perder la nacionalidad adquirida. En este sentido, la naturalización no consigue ocultar, ni siquiera jurídicamente, la fragilidad que acompaña a los procesos de trasplante: hay siempre una sospecha en nombre de la identidad.

A la persona extranjera se le exige un oxímoron: si por un lado se le reclama que sea asimilable, por el otro no se la terminará de reconocer nunca como igual. Los derechos de participación política o la posibilidad de establecerse de forma indefinida en el territorio son suspendidos hasta que pueda demostrar que su alteridad es menos alteridad, «un poco menos otro».[25] Se trata de una petición implícita al extranjero para reducir su nacionalidad de origen a nacionalidad de la intimidad. La concepción sustancialista del Estado nación, al hilvanar sangre y territorio no solo en el ámbito jurídico con la ciudadanía, sino también en la esfera cultural, distingue entre los extranjeros naturalizables y los extranjeros que representan una amenaza para la nación por no ser potencialmente asimilables —a los que se acusa «de mutilar o erradicar el estilo de vida»[26] del país receptor—.

La obra de Sayad ofrece una lúcida reflexión sobre la distinción entre la naturalización jurídica y la naturalización social —o, mejor, el reconocimiento que hace la población autóctona, los ciudadanos de origen, de las personas naturalizadas—. A partir de los derechos de suelo y de sangre se traza un vínculo entre el

---

24. La cuestión de la doble nacionalidad depende de los acuerdos establecidos entre ambos Estados. En el caso de España, esto aparece recogido en el artículo 23, sección b del Código Civil.

25. D. Di Cesare, *Stranieri residenti. Una filosofia della migrazione*, Turín, Bollati Boringhieri, 2017, p. 142.

26. Z. Bauman, *Extraños llamando a la puerta*, Barcelona, Paidós, 2013, p. 15.

cuerpo y la nación —y todo el orden simbólico que la acompaña— que premia o castiga a los hombres por lo que son y no por lo que han hecho. Así, el origen —el nacimiento— se convierte en destino. En este contexto, aquellos que con su presencia interrumpen el relato sobre la autoctonía tienen que justificar su existencia en la comunidad que los recibe. La persona migrante se ve rodeada de un aura de ilegitimidad; acusada de estar usurpando un espacio que corresponde al ciudadano de origen. En otras palabras, se le niega su derecho a estar donde está. En torno a ella se reedifica constantemente una nueva frontera que los procesos de integración y naturalización no logran derribar. A pesar de la transustanciación, las personas naturalizadas no consiguen desprenderse del halo de desconfianza.

Se duda de los trasplantados, de aquellos que adquieren su ciudadanía con estos mecanismos jurídico-políticos. Son sospechosos de aprovecharse de los derechos que acompañan al estatus de ciudadanía —como poder acceder a cargos públicos o políticos—, sin querer asumir los deberes indisociables a estos privilegios. Y, a la vez, el hecho de conservar la ciudadanía de origen a menudo es denunciado como «gorronería internacional»: se pretende vivir en un país, a veces indefinidamente, de generación en generación, conservando una lealtad política a otro país.[27] Se teme que su compromiso con la nación en la que se reside no sea suficiente, definitivo, es decir, que pueda ser traicionado en el futuro —sin poner en cuestión que lo mismo podría decirse de los ciudadanos de origen—. Se presuponen motivaciones espurias, dictadas exclusivamente por sus intereses particulares —por las posibilidades que los derechos del ciudadano brindan—.

El resultado es que, tanto aquellos que se naturalizan como los que no lo hacen, única y exclusivamente por su origen extranjero, son vistos con recelo. La carga simbólica que acompaña

---

27. A. Sayad, *La doble ausencia, op. cit.*, p. 345.

a la naturalización varía dependiendo del observador. Cuando se trata de la propia naturalización, de la renuncia a la ciudadanía de origen y el juramento de lealtad a la nueva, a cada candidato le gustaría obtenerla al menor coste —simbólico— posible; sin embargo, cuando se trata de la naturalización de los otros, «cada uno de los nacionales de la nacionalidad solicitada descubre, sin el menor sentimiento de contradicción, que tiene interés en aumentar el precio al que quiere hacer pagar la naturalización del extranjero».[28] En ambos casos, como sabían los griegos, vale la pena recordar que nadie atraviesa un ancho río sin mojarse los pies.[29] La resistencia de la población autóctona a la naturalización de las personas migrantes y, sobre todo, la negativa a reconocerlos como iguales una vez que se ha realizado el proceso, responde a la interiorización de la jerarquía de valor que establece la ciudadanía. Como ha explicado Balibar, dado un estado de normalidad en la nación, la normalidad del ciudadano-sujeto nacional es interiorizada por los individuos y se convierte en un punto de referencia esencial para su sentimiento colectivo, comunitario e identitario que establece una jerarquía entre las diferentes formas de habitar un Estado.[30] Así, la existencia de personas no ciudadanas ofrece la posibilidad a la población autóctona no solo de distinguirse, sino, sobre todo, de situarse por encima, con independencia de su situación económica, de aquellos que no pertenecen al Estado en el que habitan, aquellos que están sometidos a un poder soberano que les es extraño.

Los procesos de naturalización se mantienen bajo ese manto de artificialidad que exige un intenso trabajo de cultivo, de políticas de integración determinadas por el Estado, con el objetivo

28. A. Sayad, *La doble ausencia, op. cit.*, p. 320.
29. T. Kallifatides, *Otra vida por vivir*, Barcelona, Galaxia Gutenberg, 2019, p. 17.
30. É. Balibar, *Violencias, identidades y civilidad: para una cultura política global*, Barcelona, Gedisa, 2005, p. 80.

de poder ocultar su ilegitimidad. Las personas que se acogen a los procesos de naturalización nunca están libres de sospecha. En *Hija de inmigrantes*, Safia El Aaddam describe una escena en la que funcionarios del Registro Civil muestran su recelo ante la boda de la protagonista con un hombre español.[31] Se sospecha de la veracidad de ese matrimonio porque se intuye que el objetivo último del enlace es adquirir la nacionalidad española, y, en el caso de que se obtenga la nacionalidad, la desconfianza se mantendrá sobre la nueva ciudadana. En las primeras páginas de su novela *La hija extranjera*, Najat El Hachmi alude al carácter ambivalente de pertenencia y exclusión de la naturalización: «Suficientemente generosos han sido con vosotros, suficientemente acogedores. No tienes ningún motivo para quejarte, como hablas su lengua igual o mejor que ellos casi ni recuerdan de dónde eres o quién eres. Casi».[32] Ese «casi», ese resto diferencial entre el origen y el trasplante se debe a la naturalización del vínculo entre el nacimiento y el territorio, entre la sangre y la nación. La adquisición de la ciudadanía después del nacimiento por los mecanismos previstos por la ley se plantea desde una auténtica relación de fuerza, «una relación basada en el desafío y la réplica, a la manera de las relaciones de honor».[33]

Para que el trasplante de una tierra a otra funcione —para que la transfusión de sangre se lleve a cabo— es necesario convertir la naturalización en —casi— un rito sagrado. Como ha señalado Sayad, la naturalización se piensa como un honor del que hay que ser digno y del que la persona naturalizada se beneficia —es honrada— con la posibilidad de poder acogerse a este proceso. No es

31. S. El Aaddam, *Hija de inmigrantes*, Barcelona, Nube de Tinta, 2022. El Aaddam es, además, la responsable de la iniciativa «Te cedo mi voto» y ha impulsado diferentes campañas sobre la participación política de la población migrante —y sus hijos— en España.

32. N. El Hachmi, *La hija extranjera*, Barcelona, Destino, 2015, p. 26.

33. A. Sayad, *La doble ausencia*, op. cit., p. 319.

solo el estatus jurídico lo que se adquiere en la naturalización, es, también, la calidad y la dignidad de la nueva ciudadanía la que se traspasa al naturalizado.[34] De entre las personas que llegan sin permiso de residencia a un Estado, después de un largo recorrido con múltiples pruebas —de acceso al territorio, de sobrevivir en situación irregular administrativa, de solicitar la residencia temporal por arraigo, de transformar esa residencia en una permanente—, algunos recibirán la recompensa a la que deben jurar lealtad: la ciudadanía del país en el que residen. La escritora Margaryta Yakovenko narra en *Desencajada* su experiencia de la adquisición de la ciudadanía española por motivos de residencia.

«Es decir, ¿soy española?», pregunto. «Eso dice este papel». [...] Falsa patriota. Nacionalidad por residencia. [...] A ojos de la ley, acaba de morir una ucraniana y ha nacido una española con dos apellidos. Mi nacimiento viene esta vez con instrucción de buen comportamiento. Viene como recompensa. Acabo de jurar bandera. Soy fiel a la corona. Acabo de desprenderme de mi antigua nacionalidad, he completado la muda.[35]

El juramento cívico que deben hacer las personas que acceden a la ciudadanía por este proceso —prometer lealtad al rey, a la Constitución y a las leyes del país— es el rito con el que se sella el trasplante. De la persona que respondía a la nacionalidad de nacimiento solo queda la memoria: ya nunca más ucraniana.

*

Como ha subrayado Velasco con una metáfora que me entusiasma, la ciudadanía presenta un rostro jánico.[36] Como Jano, el

34. A. Sayad, *La doble ausencia, op. cit.*, pp. 319-320.
35. M. Yakovenko, *Desencajada*, Barcelona, Caballo de Troya, 2020, p. 7.
36. J. C. Velasco, *El azar de las fronteras, op. cit.*, p. 49.

dios romano, la ciudadanía mira hacia dentro y hacia fuera, abre y cierra, incluye y excluye. La adquisición de la ciudadanía por residencia, a través de los procesos de naturalización, se convierte en la última frontera que la persona extranjera debe cruzar para poder ser considerado un miembro de pleno derecho de la comunidad política. Una vez cumplidos los requisitos de residencia, se precisa llevar a cabo el trasplante definitivo, la transustanciación que elimine jurídicamente y de forma definitiva la exterioridad del extranjero. Así, la puerta de acceso para participar en la esfera pública en igualdad de condiciones que aquellas que adquirieron su ciudadanía en el nacimiento es la naturalización, que exige, jurídicamente, la aniquilación de la nacionalidad previa: no es posible ser dos cosas diferentes a la vez, tener dos lealtades, estar dentro y fuera. Como sucedía con la ciudadanía romana entregada a los residentes de los pueblos conquistados por el Imperio, la naturalización opera como una verdadera anexión —que implica la renuncia de la patria de naturaleza para abrazar la patria de ciudadanía, por decirlo con los términos de Cicerón—.[37] La ficción que construye el dispositivo de la ciudadanía a través de la identidad de la nación, del evento por el cual el nacimiento se hace nación, reproduce el viejo lugar de la autoctonía ateniense y la ciudadanía romana. Y, no obstante, la naturalización, como la adquisición de la ciudadanía romana por residencia en territorios del Imperio, no consigue desembarazarse del privilegio de la sangre.

37. Cicerón, *Las leyes*, Madrid, Gredos, 2009, II, 2.

6. El reflejo moderno de la hospitalidad

El temor hacia el extranjero que llama a la puerta, por usar la expresión de Bauman, puede encontrar su origen en el desplazamiento lingüístico de la noción de huésped. Como hemos visto, a partir de Roma, la noción de hospitalidad heredada del mundo griego sufre significativas modificaciones que privilegian el recelo sobre el extranjero en detrimento de su acogida como enviado por los dioses. Me aventuraría a decir, incluso, que en nuestro presente la única acepción que persiste para el extranjero que solicita asilo es la de hostil. El término *hostis*, derivado del término base *hospes*, permite explicar la tensión que vertebra la noción de extranjero: el extranjero favorable, el huésped, y el extranjero hostil, el enemigo. En pocas palabras, lo interior y lo exterior a la *civitas*.[1]

La carga negativa de la exterioridad de aquellos que no son ciudadanos, de los extranjeros situados en el precipicio de la enemistad, ha sido una constante a la que no hemos sabido o no hemos querido renunciar. En torno a esta expresión hostil que acompaña al rostro del extranjero han girado, y lo hacen también hoy, las reflexiones sobre la hospitalidad después de Roma. No deja de ser

---

1. É. Benveniste, *Vocabulario de las instituciones indoeuropeas*, Madrid, Taurus, 1983, p. 63.

cuando menos curioso que fuera en Roma, cuyos relatos fundacionales reservaban un papel central a la hospitalidad, donde la noción de huésped se distorsionó hasta llegar a la caracterización de enemigo. Esta tensión entre la hospitalidad reconocida a Eneas que permitió la fundación de Roma y la hospitalidad negada a los extranjeros atraviesa la historia de Occidente. Así, por un lado, la apología —repetida en multitud de relatos, pero también de leyes— de la hospitalidad y su protección, pero, por el otro, el rechazo y la expulsión del extranjero de los límites nacionales.

1. Hospitalidad significa el derecho de un extranjero a no ser tratado con hostilidad

La hospitalidad griega —y su herencia romana— no desaparece en los siglos posteriores, aunque sí sufre algunas modificaciones. El derecho de hospitalidad de Francisco de Vitoria es un excelente ejemplo en el que encontramos la asunción del riesgo que entraña el extranjero. Cuando Vitoria formula el derecho a migrar en 1539, en el contexto de la colonización española, lo hace distinguiendo dos tipos de formulaciones jurídicas: el derecho de los hombres y el derecho natural. Me permito citar *in extenso* la argumentación de Vitoria:

> Se prueba en primer lugar por el derecho de gentes, que es derecho natural o se deriva del derecho natural. Dice la Instituta *(De iure naturale et gentium): Se llama derecho de gentes el que la razón natural constituyó entre todas las naciones.* En todas las naciones se tiene por inhumano el recibir y tratar mal a los huéspedes y peregrinos sin motivo especial alguno, y, por el contrario, se tiene por humano y cortés el portarse bien con ellos, a no ser que los extraños aparejaran daños a la nación. En segundo lugar, al comenzar el mundo (cuando todas las cosas eran comunes), era

lícito a cualquiera dirigirse a la región que quisiera y recorrerla. No parece que esto haya sido abolido por la división de las cosas, porque jamás pudo ser la intención de los pueblos evitar la comunicación y el trato entre los hombres.[2]

Como reclamaba Ilioneo a la reina Dido en la *Eneida*, Vitoria reconoce un derecho natural, que se encuentra por encima del derecho dictado por los hombres, en el que se inscribe la hospitalidad. La única causa que puede alegar un pueblo para no recibir a uno o varios huéspedes es que estos irrumpan infligiendo algún mal en la tierra que debería acogerlos. La hospitalidad de Vitoria, entonces, no es solo una cuestión ética, sino un problema eminentemente político que abre la puerta al *iure belli*, es decir, al derecho de los huéspedes a los que se les niega la hospitalidad a responder con la guerra. Al tratarse de un derecho natural, por encima del derecho de los hombres, la vulneración del derecho de hospitalidad brinda a los huéspedes la posibilidad de responder con violencia.

El derecho a la comunicación de los pueblos —*ius communicationis*— no puede ser negado por la voluntad de los hombres. Así, la libre circulación de los individuos es defendida por Vitoria frente al derecho del soberano de discriminar la entrada a su territorio, es decir, propone un verdadero derecho a migrar —a la libre circulación y a la comunicación de los hombres— y lo garantiza con el derecho a la hospitalidad. En el mismo texto, un poco más adelante, sentencia: «No sería lícito a los franceses prohibir a los españoles recorrer Francia y aun establecerse en ella, ni viceversa, si no redundase en su daño o se les hiciera injuria; luego tampoco podrán hacerlo lícitamente los bárbaros».[3] Desde luego, la defensa de la hospitalidad de Vitoria debe enmarcarse en

2. F. de Vitoria, *Relecciones sobre los individuos y el derecho de guerra*, Madrid, Espasa-Calpe, 1975, pp. 88-89.
3. *Ibid.*, p. 89.

el contexto colonial del siglo XVI y en los beneficios que esta posición ofrecía a la Corona española al justificar la declaración de guerra a los pueblos que estaban por ser colonizados. Sin embargo, para nuestra discusión sobre la hospitalidad, es determinante el camino recorrido por Vitoria al privilegiar el derecho natural de tránsito por encima de la voluntad del soberano.

La postura de Vitoria fue matizada, si no corregida, en los siglos XVII y XVIII. Seguramente, ninguna obra puede considerarse más relevante que la de Kant en cuanto a su influencia posterior en el derecho internacional, en general, y en la concepción de la hospitalidad y del derecho de gentes, en particular. El camino, allanado por la filosofía del derecho de Grocio, Pufendorf[4] y Vattel, desemboca en una secularización del derecho natural que introduce importantes enmiendas a la hospitalidad de Vitoria. Como toda la modernidad, la obra kantiana se encuentra profundamente atravesada por la premisa de Hobbes sobre el conflicto y la lucha inherentes a la naturaleza humana. La noción de paz perpetua hacia la que tiende la obra kantiana es un estado que debe ser instaurado, puesto que el estado de naturaleza *(status naturalis)* es, más bien, un estado de guerra. Así como los individuos han transitado de un estado de guerra hacia el sometimiento a la ley que ellos mismos establecieron, con lo que han preferido, dice Kant, «la libertad de los seres racionales»,[5] los Estados deberían orientarse hacia una confederación que estableciera las condiciones para la paz perpetua, una confederación pacífica *(foedus pacificum)*.

El objetivo central de la filosofía kantiana en la esfera jurídico-política es la idea regulativa de paz entre Estados a través

---

4. La distinción de Pufendorf entre *obligatio* y *coactio*, entre el deber interno, que alude a la esfera moral, y la coerción exterior, que se enmarca en el ámbito jurídico, disuelve el vínculo entre derecho natural y legislación divina presente en Vitoria.

5. I. Kant, *Sobre la paz perpetua*, Madrid, Tecnos, 1998, p. 22.

de su federación, es decir, la comunidad pacífica universal es un principio jurídico, no filantrópico o ético.[6] En este contexto jurídico —y no ético— debe enmarcarse la propuesta sobre la hospitalidad kantiana que revisa y reforma la hospitalidad de Vitoria. Escribe Kant en el tercer artículo definitivo para la paz perpetua, cuyo enunciado es «El *derecho cosmopolita* debe limitarse a las condiciones de una *hospitalidad general*»: «En este artículo se trata, como en los artículos anteriores, de *derecho* y no de filantropía, y *hospitalidad* significa aquí el derecho de un extranjero a no ser tratado con hostilidad por el hecho de llegar al territorio de otro». Sin embargo, y esto es determinante por el matiz que añade, «este otro puede no admitirlo si eso puede hacerse sin la destrucción de aquel, pero mientras el extranjero se comporte amistosamente en su lugar, el otro no puede acogerle hostilmente».[7] De esta forma, Kant corrige el presupuesto de Vitoria de un derecho a la hospitalidad, inscrito en el derecho natural, para proponer un derecho de visita *(Besuchsrecht)*. Este concepto, a pesar de guardar cierta semejanza con el *ius communicationis* de Vitoria, plantea algunas limitaciones que evitan que el derecho de visita sea usado injustamente con fines de conquista. Así, el derecho de los extranjeros recién llegados «no se extiende más allá de las condiciones que hagan posible *intentar* una comunicación con los antiguos habitantes».[8] Este derecho, además, se limita a la visita, a recorrer las regiones de otros Estados como visitante, pero no a «establecerse en el suelo de otro pueblo *(ius incolatus)*, para el que se requiere un contrato especial».[9]

Las limitaciones trazadas por Kant establecen los recursos para proteger los territorios frente a conquistas, enmascaradas de visitas comerciales, a través del privilegio de la soberanía estatal,

6. I. Kant, *Metafísica de las costumbres*, Madrid, Tecnos, 2008, § 62.
7. *Id.*, *Sobre la paz perpetua, op. cit.*, p. 27.
8. *Ibid.*, p. 28.
9. *Id.*, *Metafísica de las costumbres, op. cit.*, § 62.

que puede admitir o rechazar las peticiones. Así, el derecho de gentes *(Völkerrecht)* deja de ser un derecho de los individuos para pasar a ser un derecho de los Estados *(Staatenrecht)*.[10] Para Kant, el derecho de gentes o de pueblos se trata de un *ius publicum civitatum* que solo puede dirigirse hacia el estado de paz en la unión de los Estados como una confederación, como una sociedad cooperativa sin ningún poder soberano. Este derecho desplaza la atención del individuo, que se relaciona con el Estado sin ser ciudadano, al trato entre Estados. El acento de la hospitalidad, que recaía sobre el individuo que la solicitaba, se sustituye por la prerrogativa del soberano en el derecho de visita —que puede no aceptarlo si esto no causa su destrucción—. De esta forma, Kant lleva a cabo una ruptura con la *xenía* griega que incidía en la reciprocidad de las partes implicadas en la práctica de la hospitalidad. Así, la hospitalidad moderna olvida el carácter recíproco que une al huésped y al anfitrión, el derecho y el deber de ambas partes, para enfatizar la superioridad del soberano sobre el suplicante. Es el anfitrión el que tiene la potestad para decidir quién y en qué condiciones puede acceder, de forma excepcional como resultado de su buen hacer, al territorio que gobierna.

Las ulteriores consecuencias del derecho cosmopolita kantiano se plasman varios siglos más tarde en la Convención de Ginebra sobre el Estatuto de los Refugiados de 1951. Al igual que la formulación kantiana de la hospitalidad, la Convención respeta, en su artículo 33, el mismo principio de no devolución *(non-refoulement)*: «Ningún Estado Contratante podrá, por expulsión o devolución, poner en modo alguno a un refugiado en las fronteras de los territorios donde su vida o su libertad peligre por causa de su raza, religión, nacionalidad, pertenencia a determinado grupo social, o de sus opiniones políticas».[11] Sin embargo,

10. I. Kant, *Metafísica de las costumbres, op. cit.*, § 53.
11. Artículo 33 de la Convención de Ginebra sobre el Estatuto de los Refugiados.

al ser el Estado receptor el que debe evaluar si la vida de aquel que solicita refugio se encuentra en peligro —y puede entrar en el territorio— o su devolución puede hacerse sin su destrucción —y, en consecuencia, su petición puede ser rechazada—, el derecho de hospitalidad se encuentra supeditado a la interpretación del soberano, que no siempre respeta el principio de protección de la vida. El acento sobre la soberanía estatal para escoger y seleccionar a los residentes en su territorio sienta un peligroso precedente que va en contra del propio espíritu de la hospitalidad. El cálculo, incompatible con la urgencia de asilo que precisa el refugiado, se ha instalado en el seno de la hospitalidad contemporánea.[12] Así, la acogida es traicionada, desfigurada y reducida a las medidas securitarias de los Estados.

La piedra angular de la hospitalidad contemporánea es la afirmación de la soberanía estatal a través de su capacidad para seleccionar, acoger y rechazar a los solicitantes de asilo.[13] El suplicante griego se transforma en el refugiado o, más bien, en el que busca refugio y solicita asilo, quedando así a merced de las evaluaciones del Estado. Los propios términos en los que se plantea la hospitalidad, el refugio, asumen la existencia de una interioridad —a la que se quiere acceder— y una exterioridad —de la que se quiere salir—. El refugio se concede al extraño, no al que ya está dentro. En este proceso, la ciudadanía de los individuos desempeña un papel determinante. El derecho de asilo en España,[14] por ejemplo, establece que se trata de una protección dispensada a los nacionales no comunitarios o a las personas apá-

12. J. Derrida, *La hospitalidad*, Buenos Aires, Ediciones de la Flor, 2006, p. 31.
13. En el derecho internacional, esta posición viene determinada en la Convención de Ginebra sobre el Estatuto de los Refugiados de 1951, el Protocolo sobre el Estatuto de los Refugiados de Nueva York de 1967 y en la política europea de asilo reconocida en el Tratado de Ámsterdam de 1997.
14. Cf. Ley 12/2009, del 30 de octubre, reguladora del Derecho de asilo y condición de refugiado y la protección subsidiaria.

tridas a quienes se les reconozca la condición de refugiado. Etimológicamente, «refugio» proviene del término latino *refugium*, que se encuentra emparentado con el verbo *fugio*, es decir, «huir», «retroceder huyendo», «retirarse», «escaparse».[15] Así, se concede asilo a aquel que huye o escapa de algo y que, de otra forma, no podría acceder al territorio por su condición de extraño —extracomunitario o apátrida—. Los ciudadanos de Estados ricos no se reconocen como potenciales refugiados: los suplicantes son los otros y es de estos de quienes hay que protegerse. El reparto de papeles en las prácticas de asilo y hospitalidad se pretende ya realizado de una vez y para siempre, fijo, inamovible: hay ciudadanos de países —pobres, violentos— que son potenciales solicitantes de asilo, y hay países que reciben esas solicitudes —cuyos ciudadanos están lejos de verse en una situación así—. Y, sin embargo, esta pretensión cargada de soberbia solo puede responder a una flagrante pérdida de memoria.[16] En torno a esta ficción que quiere que los papeles no puedan ser intercambiables, se construye una muralla, primero discursiva y luego material, que distingue entre dentro y fuera.

2. Miedo al «contagio»

La intensificación del miedo es ciertamente conveniente para mantener el pensamiento dicotómico entre el interior y lo exterior, la seguridad y el peligro, el jardín y la jungla. El paradigma inmunitario propuesto por Esposito da cuenta de la tensión entre ambos términos. El sistema inmunitario, como objeto de estudio del siglo XX, ha permitido diseñar una hoja de ruta capaz de reconocer y dis-

15. A. Blázquez Fraile, *Diccionario latino-español*, Barcelona, Ramón Sopena, 1975.
16. Para un análisis detallado del caso español, cf. M. F. Mancebo, *La España de los exilios. Un mensaje para el siglo XXI*, Valencia, Marcial Pons, 2008.

tinguir entre lo propio y lo impropio, de «construir y mantener las fronteras de lo que se entiende por el yo y por el otro».[17] En el contexto del estudio de la hospitalidad, el paradigma inmunitario resulta particularmente interesante para comprender uno de los fenómenos más preocupantes de nuestro presente: el miedo a los otros. El significado médico y el significado político del sistema inmunitario se han entrelazado y se han influenciado en ambas direcciones: la política ha permitido explicar el sistema inmunitario en términos de guerra y este, a su vez, ha *biologizado* la política.

A partir de un análisis centrado en las causas de los problemas, la política se ha servido de la metáfora médica para establecer una dicotomía entre enfermedad y salud que sitúa a la primera fuera del cuerpo social. Así, se localiza en el exterior el peligro que amenaza la salubridad de las propias instituciones y se plantea la premisa que vertebra la metáfora del sistema inmunitario: «alguien o algo penetra en un cuerpo —individual o colectivo— y lo altera, lo transforma, lo corrompe».[18] Esta metáfora, aplicada al cuerpo social, refuerza la idea de una unidad nacional amenazada por cuerpos extraños que quieren acceder a él. Desde este punto de vista, pues, la noción de contagio se vuelve determinante para propagar el miedo entre aquellos que se ven expuestos al contacto con los otros.

El sistema inmunitario bajo amenaza es una metáfora de la omnipresente vulnerabilidad que el individuo experimenta ante un mundo hostil. Al trasladar esta metáfora del sistema inmunitario al organismo popular, el Estado se representa como un cuerpo que se enfrenta a la posibilidad de ser contagiado o atacado por los organismos que le están próximos —y ya desde mediados del siglo XX, también aquellos que geográficamente

17. D. Haraway, *Ciencia, cyborgs y mujeres: la reinvención de la naturaleza*, Madrid, Cátedra, 1995, pp. 350-351.
18. R. Esposito, *Immunitas. Protección y negación de la vida*, Buenos Aires, Amorrortu, 2005, p. 10.

no parecen tan cercanos—. Así, el relato de la lógica de la seguridad, que reproduce la semántica del sistema inmunitario, se presenta desde cierta infalibilidad; la enfermedad —el ataque— solo es posible porque se produce un fallo en el sistema. Ante una hegemonía del relato inmunitario, donde el Estado se encuentra en una saludable armonía propiciada por sus ciudadanos idénticos a sí mismos, la práctica de la hospitalidad solo puede salir malparada. Es en este cruce en el que el relato inmunitario —de protección frente a lo externo— y la prerrogativa soberana de selección en la hospitalidad moderna —que elige cuándo y a quién abre sus puertas— se encuentran.

Inmunidad y soberanía, miedo al «contagio» y selección, se establecen en la base de la hospitalidad contemporánea. Esta, en su formulación jurídica como derecho de asilo, se sirve del discurso inmunitario para reforzar la soberanía del Estado. La constante amenaza a la que se encuentra expuesto el cuerpo social trae consigo la exigencia de políticas de inmunización más severas. Así, inmunización y soberanía se mantienen unidas en una relación de mutua dependencia.[19] La soberanía se reafirma en la aplicación de medidas inmunitarias para proteger a los ciudadanos. Y, por eso, aquel que solicita asilo debe ser examinado, cuestionado, interrogado no solo sobre el peligro del que huye, sino también sobre el riesgo que introduce en la comunidad que lo acoge —o, precisamente por la inseguridad que introduce, que lo expulsa—.

3. Muros y vallas

Las nuevas barreras —las vallas de alambre de espino, las electrificadas, los muros— exhiben una función y cumplen otra. Los

19. Cf. L. Quintana, «Capitalismo, afectos e inmunidad», en *Rabia. Afectos, violencia, inmunidad*, Barcelona, Herder, 2021.

muros, las vallas y las barreras no protegen un territorio de los ataques de los ejércitos enemigos, sino del flujo de personas —principalmente solicitantes de asilo y personas en tránsito migrante—. No obstante, la proliferación de técnicas cada vez más mortíferas no parece conseguir su aparente objetivo: impedir la llegada de personas. Como señala Balibar, este tipo de fronteras no disuaden a aquellos que están determinados a abandonar sus países de residencia por diferentes motivos, pero crea una sensación de seguridad que reconforta a la población del país que las construye, lo que el autor francés llama «la impotencia del Todopoderoso».[20]

Las políticas dirigidas a controlar la inmigración contribuyen a transmitir a los ciudadanos el mensaje de que la soberanía de su Estado es inviolable. La cuestión migratoria se convierte en el campo de batalla en el que se defiende la potencia de una soberanía que, por otro lado, todos reconocen debilitada, frágil y vulnerable. En este sentido, a nadie se le escapa cómo las instituciones supranacionales fuerzan a los Estados a ser más multilaterales en detrimento de la requerida unilateralidad de la soberanía nacional. Las organizaciones supranacionales como la Organización Mundial del Comercio (OMC) o el Fondo Monetario Internacional (FMI) son buenos ejemplos del impacto de estas instituciones en la soberanía de los Estados, especialmente si atendemos a la forma de manejar las crisis financieras globales.[21] Y, sin embargo, en lo referente a los movimientos migratorios transfronterizos, el Estado se esfuerza por mantener la ficción de una soberanía nacional indemne. No se trata de un acontecimiento reciente, pues, como

20. É. Balibar, *Nosotros, ¿ciudadanos de Europa? Las fronteras del Estado, el pueblo*, Madrid, Tecnos, 2003, pp. 78 ss. Para una discusión sobre la función del muro y la valla, véase W. Brown, *Estados amurallados, soberanía en declive*, Barcelona, Herder, 2015.

21. S. Sassen, «La formación de las migraciones internacionales: implicaciones políticas», *Revista Internacional de Filosofía Política* 27 (2006), p. 26.

subrayó Arendt, la soberanía «en ningún lugar resultaba más absoluta que en cuestiones de "emigración", "naturalización" y "expulsión"».[22] Y es que aquí reside el verdadero núcleo de poder de la soberanía: en la posibilidad de seleccionar, escoger y descartar a sus miembros y a sus huéspedes.

La supuesta deslocalización y difuminación de las fronteras —de las fábricas textiles, de la producción industrial y tecnológica y de los flujos económicos— es contestada con la afirmación violenta de las fronteras para el tránsito de personas. Pareciera que hay un verdadero abismo infranqueable que separa el supuesto desvanecimiento de las fronteras para el flujo económico y, a la vez, la materialidad de los alambres de espino para las personas. Contrariamente a lo que podría pensarse, el debilitamiento de la soberanía en el contexto de la globalización produce que el Estado, en un último intento por salvarse, se entregue con desenfreno a la construcción de vallas y muros para afirmar el último fuerte en el que todavía puede ser soberano: el acceso a su territorio. Un gesto hiperbólico, a la par que innecesario —pues en ningún caso consigue su propósito de impedir el acceso al territorio—, que lo único que produce es muerte.

Cuando una frontera no cumple con la que, en principio, es su función, es decir, cuando una frontera es quebrantada, el Estado insiste en demostrar su determinación frente a sus ciudadanos. La frontera desempeña, pues, dos funciones: por un lado, exhibe su fuerza ante aquellos que quieran entrar, y, por el otro, muestra a sus ciudadanos su compromiso con la protección del territorio. Así, la frontera aparece representada como una fortaleza que protege a los que están dentro del contagio de los que están fuera. Precisamente por eso, cuando la frontera no cumple su cometido y permite el ingreso de individuos que no han sido invitados —y que no serán bienvenidos—, el Estado cuyos confines han sido

---

22. H. Arendt, *Los orígenes del totalitarismo*, Madrid, Alianza, 2006, p. 398.

traspasados se dirige a reafirmar su soberanía con muros más altos. El quebrantamiento de una valla que se ha saltado o de un muro que se ha superado pone de manifiesto una cosa: estos deberían haber sido más altos, más disuasorios, más mortíferos. De esta forma, el fracaso de la frontera emplaza a los gobiernos a buscar fórmulas más originales, más peligrosas y, en última instancia, más letales. El Estado no puede permitirse un error que ponga en entredicho su soberanía, su poder. En este sentido, los muros y las vallas que sirven como estructuras para delimitar el territorio y propiciar seguridad a los ciudadanos tienen algo de teatralidad. Como hemos visto en los últimos años, en el caso de las fronteras es mucho más importante la función que exhiben —principalmente hacia los propios ciudadanos del Estado que implementa estas medidas— que la que realmente cumplen. Seguramente por eso, la frontera-fortaleza es, sobre todo, una herramienta propia de los países más opulentos del globo o, por lo menos, más acaudalados respecto a sus vecinos.

Desde que se aprobó la creación de «La Guardia Europea de Fronteras y Costas» en 2004 con el objetivo de proteger los confines de Europa, la cuestión de la seguridad de las fronteras se ha convertido en un verdadero mantra comunitario. Entre las competencias de la nueva guardia se encuentra la de poder devolver a solicitantes de asilado rechazados a sus países de origen, algo de lo que hasta ahora se ocupaban los cuerpos de seguridad de cada Estado. En aras de mantener el espacio Schengen seguro, la creación de la Guardia Europea garantiza su intervención en territorios fronterizos «incluso en el caso de que un Estado miembro no pueda o no quiera tomar las medidas necesarias».[23] Así, en el

---

23. Cf. Comisión Europea, Comunicado de prensa del 15 de diciembre de 2015. Para una reflexión sobre los límites de la crisis social en Europa y su impacto en la construcción de la paz futura, cf. V. Rocco, «Pax europea y crisis social», en D. S. Garrocho y V. Rocco (eds.), *Europa. Tradición o proyecto*, Madrid, Abada, 2013, pp. 189-206.

caso de que alguno de los Estados europeos no estuviera dispuesto a reafirmar su soberanía a través de la protección de sus fronteras y a continuar con la selección de personas que en ellas se lleva a cabo, la Unión Europea tendría la capacidad de intervenir y expulsar a aquellas personas cuyas solicitudes de asilo hubieran sido rechazadas. La soberanía nacional de control de fronteras, en el caso de Europa, es una ficción condicionada a que se haga exactamente aquello que se ha estado haciendo: controlar, con la violencia que sea necesaria, el acceso de forma irregular al territorio —aunque después se pretenda solicitar asilo—.

Las fronteras-fortalezas que los países han construido con el objetivo de evitar el acceso de personas extranjeras revelan, a su vez, la creación de otras fronteras todavía más peligrosas: las que trazan un corte en la humanidad de las personas. La tolerancia de los países y sus ciudadanos a la vulneración de los derechos fundamentales de las personas en tránsito migrante nos advierte de que esta frontera ya se ha construido. Las políticas migratorias parecen destinadas a construir esta separación, que no es solo jurídica, sino también antropológica, entre dos grandes tipos de mundos y de personas que habitan en ellos: «uno limpio, sano y visible, con personas limpias, sanas y visibles, y un mundo de restos residuales, invisibles y, en cierto sentido, prescindibles».[24] Podríamos decir que existen, por un lado, las fronteras físicas con sus vallas, sus muros, sus ejércitos y sus policías, y, por el otro, las fronteras jurídicas y simbólicas que producen dos tipos de personas al distinguir entre quienes pueden desplazarse por el mundo más o menos sin problemas —los ciudadanos de los países ricos— y quienes se encuentran confinados en sus territorios y arriesgan sus vidas para poder traspasar el primer tipo de fronteras.

24. Cf. M. Agier, *Managing the Undesirables. Refugee Camps and Humanitarian Government*, Cambridge, Polity Press, 2011, p. 4.

*

Las fronteras físicas, con sus medidas securitarias y en nombre de la protección de los que se encuentran dentro, ayudan a producir las fronteras jurídicas y simbólicas. Desde luego, la caracterización de las personas en tránsito migrante como peligrosas, como amenazas para los Estados receptores, colabora con la indiferencia que produce su destino o su suerte. Sin embargo, la cuestión es más profunda. No se trata solo de que se las considere potencialmente peligrosas, sino, sobre todo, de que se termina por considerarlas no-personas. Lo central de la atmósfera de peligro y alarma que se crea en torno a las personas que cruzan la frontera es que permite que se las despoje de su humanidad y, precisamente por eso, su destino deja de importar. Cuenta Stefan Zweig en su autobiografía que un exiliado ruso le dijo una vez: «Antes el hombre solo tenía cuerpo y alma. Ahora, además, necesita un pasaporte, de lo contrario no se lo trata como a un hombre».[25] El pasaporte es el documento que da fe de que la vida que lo porta es una vida política, es decir, una vida que ha sido inscrita en un ordenamiento jurídico y que debe ser protegida. Esto lo sabía el acompañante ruso de Zweig y lo saben todos los exiliados del mundo que, con su presencia en las fronteras, testimonian que hay una violencia capaz de despojar al hombre de su condición humana.

25. S. Zweig, *El mundo de ayer. Memorias de un europeo*, Barcelona, Acantilado, 2012, p. 435.

III

Abandonar la ciudadanía

País de la ausencia / extraño país, / [...] / y en país sin nombre / me voy a morir.

GABRIELA MISTRAL[1]

Y un día la obra muere, como mueren todas las cosas, como se extinguirá el Sol y la Tierra, el Sistema Solar y la Galaxia y la más recóndita memoria de los hombres. Todo lo que empieza como comedia acaba como tragedia.

ROBERTO BOLAÑO[2]

No hay nada a veces más alejado de la realidad que la literatura, que nos está recordando en todo momento que la vida es así y el mundo ha sido organizado *asá*, pero podría ser de otra forma. No hay nada más subversivo que ella, que se ocupa de devolvernos

---

1. *Obra reunida*, Santiago de Chile, Ediciones Biblioteca Nacional, 2019.
2. *Los detectives salvajes*, Barcelona, Anagrama, 1998.

a la verdadera vida al exponer lo que la vida real y la Historia sofocan.

ENRIQUE VILA-MATAS[3]

---

3. *El mal de Montano*, Barcelona, Seix Barral, 2012.

7. Seres humanos y personas; hombres y ciudadanos

Dice Balibar que para comprender el mundo inestable en el que vivimos necesitamos nociones complejas e, incluso, por añadidura, complicar las cosas.[1] A mí me parece, más bien, que lo apremiante es hacer preguntas ingenuas. El mito de la ciudadanía y su traducción jurídico-política tienen consecuencias que deben ser examinadas desde preguntas, en principio, tan ingenuas como qué es una persona o qué es un ciudadano. La producción discursiva en torno a la ciudadanía, en forma de mitos, primero, y de ordenamientos jurídico-políticos y relatos, después, nos emplaza a detenernos en varios términos que orbitan a su alrededor. De lo que se trata, pues, es de continuar con la indagación arqueológica de la ciudadanía para terminar de poner en duda su condición natural. Para esta empresa nos ayudará trazar una conexión con otro término que, como sugería Marcel Mauss, todo el mundo encuentra natural: la persona.[2]

1. É. Balibar, *Violencias, identidades y civilidad: para una cultura política global*, Barcelona, Gedisa, 2005, p. 77.
2. M. Mauss, *Sociología y antropología*, Madrid, Tecnos, 1979, p. 309.

1. Ciudadanía y persona

Es bien conocido que el término latino *persona* indicaba la máscara que se utilizaba en las danzas sagradas y que permitía distinguir entre *persona* y *persona muta* —es decir, el personaje mudo recurrente en el drama—. La persona, al principio la piel de un animal y después una verdadera máscara, terminó por hacer alusión a la *gens*, al emblema de una familia. Sin necesidad de entrar en la discusión sobre si el uso de las máscaras y su vinculación al linaje es originario de los etruscos o de los samnitas,[3] podemos afirmar que ambos pueblos, junto con los latinos, se desenvolvían en un ambiente en el que las *personae*, las máscaras y los nombres, los derechos individuales y los ritos —y los privilegios propios de estos últimos— estaban muy presentes.[4] Lo determinante para el tema que nos ocupa es que la máscara era algo que se ponía delante de la cara, una persona artificial que cubría el rostro del hombre que la llevaba.

En Roma, cada individuo se encontraba vinculado, a través de un nombre, a una *gens*, a una estirpe. Así lo constata Cicerón con el caso de Estayeno, natural de Liguria, que se había introducido en la familia Elia y adoptó este sobrenombre en lugar de Ligur para evitar exponer su procedencia extranjera.[5] El sobrenombre exponía la pertenencia a una familia, que era definida por la máscara de cera del antepasado que se custodiaba en el atrio de su propia casa.[6] De esta forma, el tránsito entre la persona y la personalidad es relativamente pequeño y es una consecuencia lógica que la persona terminara por significar la ca-

3. Cf. A. Dal Lago, *Non-persone. L'esclusione dei migrante in una società globale*, Milán, Feltrinelli, 2004, pp. 214 ss.

4. M. Mauss, *Sociología y antropología, op. cit.*, p. 324.

5. M. Tulio Cicerón, «En defensa de Aulo Cluencio», en *Discursos*, vol. V, Madrid, Gredos, 1995, 26.

6. Cf. Polibio, *Historias*, vol. VI, Madrid, Gredos, 1981, 53-54.

pacidad jurídica y la dignidad política del hombre libre.[7] Precisamente porque el esclavo no tenía antepasados, ni nombre propio, ni máscara que colgar en el atrio, carecía de una persona con capacidad jurídica *(servus non habet personam)*. Como escribe Esposito, no solo el *homo* no es persona, sino que, más bien, «persona es exactamente el *terminus technicus* que establece una separación entre la capacidad jurídica y la naturalidad del ser humano».[8]

La persona, como la ciudadanía, indica una pertenencia —la primera a una familia y la segunda a un ordenamiento político—. De hecho, su relación es bastante más estrecha de lo que a simple vista pueda parecernos. Las revueltas que propiciaron la *Lex Iulia* y la *Lex Plautia Papiria*, y que dieron lugar a la adquisición de la ciudadanía para gran parte de la plebe, implicó que todos los nuevos ciudadanos obtuvieran, implícitamente, la *persona* civil —que algunos transformaron en *personae* religiosas—.[9] La ciudadanía proporcionaba a los nuevos romanos el derecho al *nomen*, al *praenomen* y al *cognomen* de su *gens*, a pesar de que la máscara guardada en el atrio, y que daba el *cognomen* de la *gens*, fuera una costumbre de las familias patricias. Para evitar que los nuevos ciudadanos adoptaran una filiación que no les pertenecía, es decir, para impedir que usurparan la persona de una familia noble, se prohibió la adopción de un *cognomen* que no fuera el de la propia *gens*. De forma análoga en nuestro presente, el estatus de ciudadanía proporciona al individuo una pertenencia que custodia con recelo a través de complejos criterios de selección y exclusión.

En *Teoría del derecho puro*, Kelsen evidenció que la identificación entre hombre y persona atendía a una confusión entre una noción biológica —el hombre— y una noción jurídica —la

---

7. G. Agamben, *Desnudez*, Buenos Aires, Adriana Hidalgo, 2014, p. 67.
8. R. Esposito, *Tercera persona. Política de la vida y filosofía de lo impersonal*, Buenos Aires, Amorrortu, 2009, p. 120.
9. Cf. M. Mauss, *Sociología y antropología, op. cit.*, p. 324.

persona—.[10] Así, la persona no es el simple ser viviente, sino el producto de una compleja red de relaciones enmarcadas en las instituciones —primero rituales, luego religiosas y, finalmente, sociales—. La persona se convierte en la matriz de la ciudadanía[11] y existe solo en cuanto persona jurídico-política, es decir, solo en cuanto incluida en el sistema de derechos y deberes. Es la inclusión en un sistema jurídico de obligaciones y deberes, y no el mero acontecimiento biológico de la vida, el que produce el sujeto persona-ciudadano. La igualdad de la «figura humana», por decirlo con Schmitt, no es un criterio jurídico, ni político, ni económico:

> La igualdad de todo el que «tenga figura humana» no puede ofrecer fundamento ni a un Estado, ni a una forma política, ni a una forma del Gobierno. De ella no pueden obtenerse distinciones y delimitaciones específicas, sino solo la supresión de distinciones y límites; con ella no pueden construirse ningunas instituciones especialmente estructuradas, y solo puede comportar la disolución y abolición de distinciones e instituciones que ya no tenga fuerza en sí mismas. [...] Del hecho de que todos los hombres son hombres no puede deducir nada específico ni la religión, ni la moral, ni la política, ni la economía. [...] La indicación de esa general condición humana puede suavizar y moderar ciertas durezas, produciendo una relativización, pero no constituir ningún concepto.[12]

Schmitt constata la imposibilidad de que el ser humano, o el rostro humano, pueda convertirse en sujeto de un ordenamiento jurídico-político. Hace falta algo más. Un paso que permita el tránsito del hombre al ciudadano, del ser humano a la persona.

10. H. Kelsen, *Teoría pura del derecho*, Buenos Aires, Eudeba, 2009, p. 102.
11. Cf. S. Mezzadra, *Derecho de fuga. Migraciones, ciudadanía y globalización*, Madrid, Traficantes de Sueños, 2005, p. 95.
12. C. Schmitt, *Teoría de la constitución*, Madrid, Alianza, 1996, p. 224.

Un paso que va de la no-existencia a la existencia de la persona y que se produce exclusivamente en virtud del derecho positivo.[13] La concepción del ciudadano en el Estado moderno estableció una relación entre la persona y el sujeto de derecho que hizo del primer término la condición de posibilidad del segundo, y viceversa. Así, para reivindicar los derechos subjetivos —a la vida o al bienestar— es necesario haber ingresado previamente en el régimen jurídico de la persona y, a su vez, ser reconocido como persona significa gozar de por sí de esos derechos.[14] El siglo pasado puso de relieve los procesos de despersonalización indisociables de las pérdidas de ciudadanía. Aquellos que quedaron desprovistos de su ciudadanía y se convirtieron en apátridas comprobaron que les habían arrebatado mucho más que el pasaporte. Tal y como constató Arendt en *Los orígenes del totalitarismo*, una vez que perdieron el respaldo de sus Estados, se vieron privados de sus derechos humanos y «se convirtieron en la escoria de la Tierra».[15] El intento frustrado por acceder a otros territorios tras la Primera Guerra Mundial produjo vidas confinadas en campos de reclusión, a la espera de que los papeles que los acompañaban —o su ausencia— demostraran que detrás de aquellos hombres se escondían algunas personas. En este sentido, la persona, en su estrecha vinculación con el ciudadano —como traje o abrigo social, cultural y político de un ser humano— no es una propiedad fija, sino una variable de la condición social que responde a una producción histórica específica —es decir, se puede *dejar de ser* persona y ciudadano—.

Explica Dal Lago que, en las instituciones totalitarias, el control absoluto de los seres humanos se realiza destruyendo sus personas, tratándolos como simples seres humanos.[16] Pero si es

---

13. A. Dal Lago, *Non-persone, op. cit.*, p. 217.
14. Cf. R. Esposito, *Tercera persona, op. cit.*, pp. 11 ss.
15. H. Arendt, *Los orígenes del totalitarismo*, Madrid, Alianza, 2006, p. 386.
16. Cf. A. Dal Lago, *Non-persone, op. cit.*, pp. 207 ss.

cierto que la forma de inscribir la vida en el ordenamiento jurídico se produce a través de la ciudadanía, entonces aquellas personas que son expulsadas y desplazadas a los márgenes del ordenamiento son solo hombres en un sentido natural. La tesis aristotélica que reivindica al carácter social y político del hombre resuena durante el Medievo y en la Edad Moderna, y si nosotros seguimos hablando de ella es porque los ecos llegan a nuestro presente. En el siglo XIV Remigio de' Girolami, ávido lector de Aristóteles —instaurado en la interpretación medieval de la *Política*— enunció: «*Si non est civis non est homo*».[17] La ciudadanía —como dispositivo que permite acceder a los derechos que un ordenamiento reconoce a sus miembros— es la condición exclusiva de la personalidad social y jurídica, y no al revés, como nos gustaría pensar o como afirman las declaraciones universales de derechos del hombre. De esta forma, para proteger la vida del hombre como simple viviente es necesario un reconocimiento explícito del ordenamiento jurídico-político que transforme la simple vida en vida política, la vida del hombre en vida del ciudadano. Existen sujetos que no son reconocidos como tales y que reciben un tratamiento de animal, pues, como explica Derrida, «lo que se llama confusamente animal, es decir, el viviente en cuanto tal, sin más, no es un sujeto de la ley o del derecho».[18] Esto no quiere decir que el par hombre-ciudadano o ser humano-persona pueda ser reducido a su naturaleza jurídica —desde luego, las valencias de las relaciones sociales deben ser tenidas en cuenta—, pero sí señala que la pertenencia a un ordenamiento

---

17. R. de' Girolami, «Tractatus de bono communi», citado en P. Costa, *Ciudadanía*, Madrid, Marcial Pons, 2006, p. 46. Para un análisis de las diferencias sociales sostenidas en «la limpieza de sangre» en el contexto del Virreinato de Nueva Granada en siglo XVIII, véase S. Castro-Gómez, *La hybris del punto cero. Ciencia, raza e ilustración en la Nueva Granada (1750-1816)*, Bogotá, Editorial Pontificia Universidad Javeriana, 2005, pp. 96-101.

18. J. Derrida, *Fuerza de ley*, Madrid, Tecnos, 1997, p. 43.

jurídico, es decir, la ciudadanía, «es la condición exclusiva».[19] Como ha explicado Agamben, los derechos han sido atribuidos al hombre o, incluso, emanan de él, solo en la medida en que este es el fundamento de la noción de ciudadano, «fundamento destinado a disiparse directamente en este último (es más: nunca tiene que salir a la luz como tal)».[20] Así, para evitar ser expulsado del régimen de la persona, y de los derechos que se le reconocen, es necesario que nunca se evidencie la vida desnuda, es decir, el hombre sin el traje jurídico-político de la ciudadanía.

No obstante, erraríamos en nuestro empeño por comprender el mundo si pensásemos que este proceso de despersonalización se produce solo cuando se carece de ciudadanía. A diferencia del contexto que analizó Arendt, donde la figura predominante era aquel ser humano privado de ciudadanía y convertido en apátrida, la reducción de la vida del hombre a simple vida biológica sin derechos dignos de protección se lleva a cabo también con individuos que ostentan el título de ciudadanía. Propongo, pues, de forma provisional y solo hasta que encontremos una mejor nomenclatura, distinguir entre «ciudadanía fuerte» y «ciudadanía frágil». Es evidente que, si los derechos del hombre son los privilegios del ciudadano, quien no tiene ciudadanía no puede gozar de aquellos derechos. Sin embargo, hay ciudadanos de Estados que también son susceptibles de perder su condición de personas y pasar a ser simples hombres. La «ciudadanía frágil» hace alusión a las circunstancias y a los acuerdos bilaterales entre Estados por los que un ciudadano puede gozar, o no, de cierta protección en función del territorio en el que se encuentra.

Así, deberíamos restringir todavía más nuestra definición y decir que aquel que goza de los derechos de la persona es el que ostenta el título de ciudadano en aquellos Estados que han ela-

19.   A. Dal Lago, *Non-persone, op. cit.*, p. 217.
20.   G. Agamben, *Homo sacer. El poder soberano y la nuda vida*, Valencia, Pre-Textos, 1998, p. 163.

borado una cultura de las garantías jurídicas del individuo. Esto se evidencia en que los ciudadanos de este tipo de Estados pueden convertirse en extranjeros como fruto de un desplazamiento transfronterizo, pero siguen conservando los derechos de ciudadanía en sus países de origen y, lo más importante, tienen consigo la fuerza de ley que acompaña a estos derechos también en territorio extranjero. Desde este punto de vista, no es solo la inscripción o no en un ordenamiento político, la titularidad o la carencia de una ciudadanía, sino la inscripción y la ciudadanía en un determinado tipo de Estado. Las posibilidades de despersonalización se incrementan dramáticamente para aquellos hombres titulares de una «ciudadanía frágil», es decir, para aquellos que ostentan la ciudadanía de un Estado que no tiene la capacidad o la voluntad de garantizar los derechos de la persona. Estos hombres se convierten en «los "sin-lugar", personas expulsadas de su espacio y sin capacidad para penetrar en otro».[21] La falta de ciudadanía o la posesión de una «frágil» permiten que aparezca la vida desnuda, eso que Arendt nombró como «un nuevo género de seres humanos»[22] al que era y es posible meter en campos de concentración y de internamiento. Ese nuevo género, añado yo, que puede perecer en las fronteras o en el mar sin que se exijan responsabilidades, al que se puede hacer desaparecer expulsándolo previo ingreso en un Centro de Internamiento de Extranjeros (CIE).

Asumir como una verdad innegable que en nuestros Estados de derecho no pueden darse procesos de despersonalización —que esos son acontecimientos superados tras el final de la Segunda Guerra Mundial— solo puede responder a una confianza absoluta en nuestras sociedades humanistas y racionales o, en el peor de los casos, a un acto de mala fe. Si es cierto lo planteado hasta aquí, y el ser humano es —o puede llegar a ser— persona

21. D. Navarro, «Vidas a la intemperie», en R. Benéitez y V. Fusco (eds.), *Los otros y sus fronteras*, Madrid, Dykinson, 2021, p. 91.

22. H. Arendt, *Tiempos presentes*, Barcelona, Gedisa, 2002, p. 11.

solo en cuanto titular de ciudadanía —y, especialmente, de la que he llamado «ciudadanía fuerte»—, entonces la reflexión filosófica no puede continuar entregada a la concupiscencia semántica y al desorden de sus conceptos para evitar abordar el concepto-guía de ciudadanía. La ciudadanía es el resultado de una producción discursiva —desde su formulación como mito de autoctonía en Atenas— y una elaboración jurídico-política. De esta forma, a pesar de su aparente naturalidad, es necesario recordar que la ciudadanía es un artefacto producido por mecanismos discursivos e institucionales y que, consecuentemente, es modificable. Así, la frontera que distingue entre hombres y ciudadanos, entre seres humanos y personas, se desplaza. Los discursos, los procesos sociales y, en última instancia, su codificación jurídico-política determinan el movimiento de la frontera que incluye y excluye la vida. Desde la definición de vida plena —y buena— de Atenas hasta sus formulaciones posteriores, la barrera divisoria que delimita al ciudadano —como sujeto pleno de derecho— no ha dejado de moverse. En este sentido, es urgente tomar con la gravedad que requiere la advertencia enunciada por Weil sobre la fuerza del derecho y su capacidad para «hacer una cosa de un hombre que todavía vive».[23] No se trata de la fuerza grosera y violenta que mata, sino de una fuerza más sutil que expulsa del régimen de la persona a hombres vivos. Así, a diferencia de la fuerza bruta que da muerte, la despersonalización asume formas taimadas que animan y permiten de facto la expulsión de la protección reconocida a la vida de la persona.

Es urgente que la filosofía se ocupe de los diversos procesos sociales y jurídicos mediante los cuales un ser humano puede ser privado de los derechos reconocidos a la persona. Los procedimientos de despersonalización no solo han producido un nuevo género de seres humanos, sino que, además, lo han naturalizado

---

23. S. Weil, *La fuente griega*, Buenos Aires, Sudamericana, 1961, p. 14.

—han normalizado el destino violento y mortífero de ciertas vidas—. En este sentido, como ha insistido Agamben, la pregunta correcta para comprender los horrores cometidos en los campos no es aquella que inquiere hipócritamente cómo fue posible perpetrar delitos tan atroces en relación con seres humanos, sino, más bien, aquella que indaga acerca de qué procedimientos jurídicos y qué dispositivos políticos «hicieron posible llegar a privar tan completamente de sus derechos a unos seres humanos».[24]

2. Vida natural y vida política

Lo que hace que sea imposible una coincidencia total entre el ser humano y la persona, entre el hombre y el ciudadano, es, como hemos visto, el hecho de que estos términos hacen referencia a nociones que, más que diferentes, son antagónicas. Agamben explica en su monumental obra *Homo sacer* —compuesta por nueve volúmenes publicados a lo largo de 20 años— que esta separación entre vida biológica y vida cualificada o política se encuentra en el origen de la filosofía de Occidente. En el centro de la política occidental se encontraría, según el filósofo italiano, la máquina antropológica, cuya actividad consiste en producir un corte, una escisión en el hombre, que permite pensar dos tipos de vida: una simplemente biológica —a la que los griegos nombraban con el término *zoé*— y una vida cualificada o política —que se identificaba con la noción de *bíos*—. Esta distinción semántica y morfológica, defiende Agamben, no es simplemente una cuestión lingüística, sino una interpretación que tiene consecuencias en la esfera jurídico-política. La historia de la política occidental ha integrado la dicotomía entre vida biológica y vida

24. G. Agamben, *Medios sin fin. Notas sobre la política*, Valencia, Pre-Textos, 2001, p. 40.

políticamente cualificada y, para ello, el dispositivo de la ciudadanía ha sido determinante.

En el seno de la ciudad, el hombre alcanza la forma de vida que le es propia: la vida política. De este modo, por un lado, el hombre es el sujeto constitutivo de la *pólis* —en tanto que él es quien la instaura—, pero, por el otro, depende de ella, puesto que solo en su interior es un hombre en el sentido pleno del término.[25] Las instituciones de la ciudad, creadas por el hombre, son las que permiten que este se convierta en ciudadano y, en consecuencia, en sujeto de derechos. En este sentido, ya Aristóteles había explicado que el origen de la *pólis* respondía a «las necesidades de la vida», pero su finalidad era «el vivir bien».[26] Sin embargo, conviene recordar que esta transformación que se produce en sede comunitaria está reservada solo a algunos seres humanos, que son los que pasan a ser miembros de pleno derecho de la ciudad.

Además del criterio de sociabilidad y de participación política, la distinción entre vida biológica y vida cualificada ha estado marcada por la capacidad racional reconocida a la persona. El paradigma de la vida cualificada —a través de los dispositivos de la persona y del ciudadano— separa a unos hombres de los otros, pero también al propio individuo de su entidad biológica. Desde esta perspectiva, el hombre se encuentra dividido entre una parte espiritual o racional —que debe regir el comportamiento— y una corporal —que debe ser sometida—. Se trata, como ha señalado Esposito, de un desplazamiento de una distinción funcional propia del ámbito jurídico romano —que diferenciaba entre esclavos y personas— a una división de carácter ontológico que establece dos sustancias que constituyen al «hombre-persona».[27] Así como la persona para el derecho romano

25. R. Esposito, *Politica e negazione: per una filosofia affermativa*, Turín, Einaudi, 2018, p. 66.

26. Aristóteles, *Política*, Madrid, Gredos, 1988, 1252b 28.

27. R. Esposito, *Le persone e le cose*, Turín, Einaudi, 2014, p. 18.

solo era la que tenía su propio *ius*, para Tomás de Aquino la naturaleza racional es la que garantiza el título de persona.[28] En la modernidad, la separación entre el cuerpo y la conciencia conserva la distinción griega subrayada por Agamben entre una vida biológica y una cualificada. Para Locke, el hombre pleno, que es la persona, lo es solo en cuanto «ser pensante inteligente dotado de razón y de reflexión».[29] De forma análoga a como sucedía en el derecho romano, el género humano se encuentra dividido en umbrales de personalidad que incluyen plenamente a aquellos adultos que satisfacen las condiciones impuestas por «el dispositivo de la persona».[30]

La distinción entre simple vida biológica y vida políticamente cualificada, inserta en una jerarquía de valor, provoca que la noción de persona sea un horizonte de sentido al que se llega; se es persona virtualmente, en potencia. Como se lamentaba el compañero ruso de Zweig: es necesario algo más —un documento de identidad, un pasaporte, una carta que justifique que esa vida se encuentra inscrita en un ordenamiento jurídico—. Si bien todos los hombres pertenecen a la especie del *homo sapiens*, solo algunos, y por un tiempo limitado, pueden ser personas.[31] En esta línea encontramos los planteamientos de Peter Singer,[32] quien, para desacralizar la vida, reconoce que el valor de la vida humana varía. En este esquema teórico, no solo los animales superiores se aproximan más a los hombres que los animales inferiores, sino que también los hombres inferiores se asemejan

---

28. T. de Aquino, *Suma Teológica*, Madrid, BAC, 2001, p. 322.

29. J. Locke, *Ensayo sobre el entendimiento humano*, Ciudad de México, FCE, 2005, p. 318.

30. Cf. R. Esposito, *El dispositivo de la persona*, Buenos Aires, Amorrortu, 2011.

31. Cf. *Id.*, *Le persone e le cose*, *op. cit.*, pp. 32 ss.

32. P. Singer, *Desacralizar la vida: ensayos sobre ética*, Madrid, Cátedra, 2003, pp. 175-180.

más a los animales que los hombres superiores.[33] El personalismo utilitarista de Singer, que en principio debería llevarnos a una sociedad más justa, reproduce en su «nueva ética» una escisión de la vida que permite la despersonalización de todos aquellos sujetos que adolecen de conciencia.

La dicotomía de dos tipos de vida —una simplemente biológica y otra con conciencia cualificada políticamente— revela que los contornos de la persona son mucho más frágiles de lo que nuestro sentido común supone. En este contexto emerge el dispositivo de la ciudadanía como utensilio del Estado que produce la inclusión y la exclusión de la vida del ordenamiento jurídico. El umbral que permite el paso del ser humano a la persona, del hombre al ciudadano, en otras palabras, de la simple vida biológica a la vida cualificada, señala el deslizamiento por el cual se pueden adquirir —o perder— los derechos vinculados a los dispositivos jurídicos de la persona y del ciudadano. Así, el deslizamiento evidencia las fugas que se producen a través de las prácticas de categorización —hombre con conciencia, con pasaporte, inscrito en un ordenamiento, etcétera— que permiten el tránsito de un lado a otro. Como sucedía con el dispositivo de ciudadanía, en el que cada Estado tenía la prerrogativa de decidir los criterios según los cuales el nacimiento se convertía en acontecimiento político, en el que la vida simple biológica se transformaba en vida inscrita en un ordenamiento jurídico —en vida de un ciudadano—, el dispositivo de la persona puede restringir o ampliar sus criterios para hacer que un ser humano sea reconocido como persona. Así, la condición de persona o de hombre es el producto de un mecanismo de disciplina social, que opera a través del desplazamiento de los umbrales categoriales que distinguen entre diferentes tipos de vida de los seres vivientes.

---

33. Cf. P. Singer, *Repensar la vida y la muerte: el derrumbe de nuestra ética tradicional*, Barcelona, Paidós, 2000, pp. 214 ss.

3. Las vidas no políticas de las no-personas

Si lo expuesto hasta ahora es cierto, si la evidencia que constatamos es que una persona no es la que simplemente vive, entonces debemos hacernos cargo con premura de lo que podríamos llamar «no-personas». La ilusión de que las convenciones internacionales y las instituciones supranacionales podían dar respuesta a una masa humana desposeída de derechos pudo durar algunos decenios, pero me parecería de una ingenuidad escandalosa que nuestra ilusión no se hubiera visto ya quebrada. La paradoja sobre la que hizo hincapié Arendt residía en que, precisamente cuando los derechos del hombre debían proteger a esa espuma de la tierra que escapaba de la guerra, las declaraciones de derechos revelaron ser letra muerta. La idea de unos derechos humanos, que presuponía la existencia de un ser humano como tal, «se quebró en el momento en que quienes afirmaban creer en ella se enfrentaron por vez primera con las personas que habían perdido todas las demás cualidades y relaciones específicas».[34]

El esfuerzo de las conferencias y declaraciones internacionales fracasó porque no se encontró «nada sagrado» en la vida que carecía de inscripción en un ordenamiento jurídico. La separación entre lo humanitario y lo político coincide con la distinción entre dos formas de vida, una simplemente biológica y otra políticamente cualificada. De esta forma, los hombres que adolecen de una ciudadanía o que son titulares de una «ciudadanía frágil» son puestos en manos de la policía y las organizaciones humanitarias. El fracaso de los organismos internacionales que se habían marcado como objetivo la protección de la vida sin importar su vinculación nacional se debe, en gran medida, a que su marco de actuación no es político, sino humanitario. En las disposiciones generales, el segundo artículo del Estatuto de la Oficina

---

34. H. Arendt, *Los orígenes del totalitarismo, op. cit.*, p. 424.

del Alto Comisionado de las Naciones Unidas para los Refugiados señala que su labor tendrá carácter «enteramente apolítico; será humanitaria y social».[35] Lo crucial en esta tipificación de los organismos internacionales orientados a proteger la vida de las personas refugiadas o en tránsito migrante es que parecen albergar en su seno la distinción clásica de dos tipos de vida. Como resultado, el tratamiento estrictamente humanitario de las vidas que solicitan asilo oculta el origen político de su situación.

En ningún sitio como en la frontera se evidencia que la separación entre vida biológica y vida cualificada es custodiada con celo por los Estados. El pasaporte muestra que la vida de quien lo porta es una vida política, inscrita en un ordenamiento jurídico al que se le reconocen unos derechos. Sin embargo, como recuerda Arendt al narrar a su amigo Gershom Scholem el suicidio de Walter Benjamin, los Estados son los responsables de determinar los criterios de una vida cualificada. Así, aunque Benjamin tenía un visado estadounidense, «desde el 23 [de septiembre de 1940] los españoles tan solo dejaban pasar a portadores de pasaportes "nacionales"».[36] Esta política adoptada por el gobierno español convertía el visado estadounidense de Benjamin en un papel escrito sin ningún valor o fuerza para autorizar su paso. Por eso, insiste Arendt, no es irrelevante que su amigo se quitara la vida en un espacio fronterizo que lo retenía. Años más tarde, en 1995, Arendt publicó *Hombres en tiempos de oscuridad*, donde volvió a pensar la muerte de Benjamin en la frontera.

El pequeño grupo de refugiados al cual se había unido [Benjamin] llegó a la ciudad fronteriza con España para enterarse de que España había cerrado la frontera ese mismo día y que los

35. Estatuto de la Oficina del Alto Comisionado de las Naciones Unidas para los Refugiados.
36. H. Arendt y G. Scholem, *Tradición y política. Correspondencia [1939-1964]*, Madrid, Trotta, 2018, p. 41.

oficiales de la frontera no reconocían las visas otorgadas en Marsella. Los refugiados debían regresar a Francia por el mismo camino al día siguiente durante la noche, Benjamin se quitó la vida, y como este suicidio causó gran impresión en los guardias fronterizos, permitieron a los demás refugiados cruzar a Portugal. Pocas semanas después volvió a levantarse el embargo de las visas. Un día antes y Benjamin hubiese pasado sin ningún problema; un día después la gente de Marsella habría sabido que en ese momento era imposible pasar a través de España. Solo en ese día en particular era posible la catástrofe.[37]

Pero como recuerdan los versos de la poeta Niki Giannari, «nadie llega a la frontera / un día antes o un día después. / Llegamos en el Ahora».[38] La muerte que tiene lugar en la frontera es el resultado de una decisión política, aunque se prefiera reducir la cuestión a un problema moral, humanitario, de mayor o menor bondad. Por eso, la forma más perniciosa de abordar los tránsitos fronterizos y sus consecuencias es despolitizarlos. Es urgente recordar que la suerte que corren las vidas privadas de ciudadanía o titulares de una «ciudadanía frágil», a las que se impide el paso en la frontera, no es un acontecimiento natural. Si su condición responde a determinados mecanismos jurídico-políticos es imprescindible que las soluciones se ofrezcan desde ese mismo plano. Así, derivar la vida de las personas en tránsito migrante a las instituciones humanitarias reincide en la despolitización de su situación y en su exclusivo reconocimiento como vida desnuda —desprovista de carácter político—.

Los Estados, al reconocer la distinción entre una vida política —la del ciudadano— y una vida desnuda desprovista de valor

37. H. Arendt, *Hombres en tiempos de oscuridad*, Barcelona, Gedisa, 1990, p. 157.
38. G. Didi-Huberman y N. Giannari, *Pasar, cueste lo que cueste*, Cantabria, Shangrila, 2018, p. 15.

político —la del apátrida, pero también la del titular de una «ciudadanía frágil»—, hacen de esta última una vida menos auténtica, más prescindible. El privilegio del ciudadano, como concepto-guía de la filosofía política occidental, hace del simple hombre una excepción, una anomalía que debe ser corregida. Así, puesto que no hay un espacio reconocido para el hombre dentro del Estado, este —desprovisto de ciudadanía— es considerado como un estado transitorio o provisional que debe llevar —con la suerte y el tiempo necesarios— a la inscripción en un ordenamiento jurídico. Desde esta perspectiva, la desigualdad en el acceso a los derechos es incomprensible sin el dispositivo estatalista de la ciudadanía, cuya definición basada en la pertenencia nacional representa, como ha explicado Ferrajoli, la última gran limitación normativa del principio de igualdad jurídica.[39] Esta desigualdad, fundamentada en la distinción entre persona y ser humano, entre ciudadano y hombre, permite que este último se encuentre, en el mejor de los casos, destinado a las instituciones humanitarias y custodiado por la policía, o, en el peor, consagrado a la muerte.

Como mostró Arendt, aquellos que dejaron de ser miembros de un Estado encontraron que «el único sustitutivo práctico de una patria inexistente era un campo de internamiento».[40] Pero nosotros sabemos que no son solo los apátridas, sino también aquellos hombres que se encuentran en situación irregular administrativa en un territorio —que, por lo general, coincide con ser titulares de una «ciudadanía frágil», pues es a ellos a los que se niega el permiso de residencia—. Cualquiera que no goce de algún tipo de inscripción en el ordenamiento jurídico del territorio que habita es susceptible de ser capturado en cualquier momento por la policía e ingresado en un Centro de Internamiento de Extranjeros a la espera de ser expulsado. La negación

39. L. Ferrajoli, *Derechos y garantías. La ley del más débil*, Madrid, Trotta, 2010, p. 41.
40. H. Arendt, *Los orígenes del totalitarismo, op. cit.*, p. 405.

de la vida cualificada del extranjero en situación administrativa irregular lo sitúa en un lugar donde la única asistencia reconocida «es aquella de un cuerpo físico que hay que nutrir, controlar o detener».[41] Esta práctica, socialmente legitimada y legalmente admitida, asume que hay vidas a las que se puede hacer desaparecer —físicamente, a través de la expulsión—, pero también discursivamente —a través de la negación de su historia—. Así, esas vidas desnudas son tenidas en cuenta durante el breve momento en el que se sanciona legalmente su no existencia a través de la expulsión.

*

La idea comúnmente arraigada de que un ser humano existe solo porque vive es, en el marco de la ciudadanía, sustancialmente falaz. La frontera trazada por el par *zoé* y *bíos* muestra que, sin el traje de la ciudadanía, la vida desnuda no es susceptible de convertirse en sujeto de derecho. Aquellos que moran en un Estado que no los reconoce como sujetos de derecho se sitúan en un lugar en el que se vive una vida que es una detención del vivir, una no-vida.[42] Estas dos esferas y el tránsito que se puede realizar entre ellas con el dispositivo de la ciudadanía revelan la contigüidad de lo sagrado y lo profano. La extrañeza de los que son solo hombres se exhibe con toda su fuerza en el cruel destino de aquellos que mueren como clandestinos en las fronteras o ahogados en ese mar que un día fue de Eneas.

---

41. Sayad, *La doble ausencia: de las ilusiones del emigrado a los padecimientos del inmigrado*, Barcelona, Anthropos, 2010, p. 222.
42. É. Balibar, *Violencias, identidades y civilidad, op. cit.*, p. 84.

8. Dar lugar a la justicia

La falta de fuerza de las declaraciones universales de derechos para reparar la cesura que separa al hombre del ciudadano no parece haber obligado a la filosofía política occidental a renunciar a su concepto-guía de ciudadanía. Más bien al contrario, lo que nos encontramos es que gran parte de la investigación sobre la ciudadanía se ha dirigido a la búsqueda de una nueva articulación del concepto en clave universal. Desde la publicación del breve ensayo del sociólogo inglés T. H. Marshall en 1949, *Ciudadanía y clase social*,[1] la noción de ciudadanía ha experimentado una continua reelaboración en clave inclusiva. El discurso filosófico sobre la ciudadanía de los últimos setenta años, inaugurado por Marshall y seguido por Habermas, ha dilucidado un camino que defiende la capacidad inclusiva de la ciudadanía para hacer formar parte a aquellos sujetos que históricamente han quedado excluidos. Desde este punto de vista, los problemas de exclusión a los que he hecho referencia en el capítulo anterior no serían inherentes al dispositivo de la ciudadanía sino, más bien, hechos puntuales corregibles a través de la voluntad política. Sin embargo, la búsqueda del equilibrio entre la defensa y protección univer-

---

1. Cf. T. H. Marshall, *Citizenship and Social Class*, Londres, Pluto Press, 1992.

sal de un número limitado de derechos y el particularismo basado en la pertenencia que define la ciudadanía plantea no pocos problemas que deben ser abordados.

1. Expropiación e identidad declinada

Los intentos por resignificar la ciudadanía tienden a olvidar el mito que la vertebra. La estructura del Estado nación a partir del siglo XVIII construyó no solo una administración jurídico-estatal disciplinada, basada en la protección de sus miembros a través del reconocimiento de una serie limitada de derechos, sino que también, como señala Jürgen Habermas, estableció «los fundamentos para una homogeneidad cultural y étnica»[2] que permitió el sometimiento y la exclusión de las minorías nacionales. A partir del siglo XIX, el mito de la ciudadanía se desligó, parcialmente, de la vinculación étnico-cultural que se reconocía en el siglo precedente. Si para Emmanuel Sieyès la nación era la fuente de la soberanía estatal, lo que implica que toda nación tiene —o debe tener— derecho a la autodeterminación política, para Ernest Renan la nación formada por los ciudadanos tomaba su identidad del ejercicio democrático de sus miembros y no de la condición étnica.[3] Sin embargo, y como constata la historia del siglo XX, lo cierto es que la ciudadanía no consiguió desembarazarse de su componente identitario.

Ciudadano, entonces, no es, y no ha sido nunca, aquel que se define solo por su participación en la vida comunitaria de un Estado. El ciudadano es el titular de derechos políticos, pero el mito de la ciudadanía ha conservado el que siempre fue su fundamento: la íntima relación entre un *éthos* y un *dêmos*. Precisa-

---

2. J. Habermas, *Facticidad y validez. Sobre el derecho y el Estado democrático de derecho en términos de teoría del discurso*, Madrid, Trotta, 2005, p. 621.

3. *Ibid.*, pp. 622 ss.

mente por esto, un comunitarismo como el de Charles Taylor no puede abandonar la conexión entre participación en las instituciones sociopolíticas y la integración en una cultura compartida. No corre mejor suerte la ciudadanía multicultural de Habermas, que, a pesar del reconocimiento de la diversidad de las formas de vida cultural, debe encontrar un suelo firme que le permita justificar la convivencia: una cultura política común.[4] La insistencia de la filosofía política occidental en señalar que, actualmente, la noción de ciudadanía ya no se emplea solo para denotar la pertenencia a una organización estatal, sino también para reconocer el estatuto definido por los derechos y deberes civiles, olvida el sentido jurídico del término y puede conducirnos a un exagerado optimismo que no sea capaz de constatar las situaciones de vulnerabilidad a las que se ven constreñidos aquellos hombres privados de ciudadanía o titulares de una «ciudadanía frágil». En este sentido, hacer una distinción entre ciudadanía y ciudadanía activa (aquella reservada a los titulares de derechos políticos con vinculación con el Estado a través del *ius soli* y el *ius sanguinis*) parece una diferenciación tenue destinada a enterrar las implicaciones que este dispositivo tiene en la vida de los hombres.

La búsqueda de los fundamentos de los derechos de los Estados democráticos encuentra en la ciudadanía —y todo lo que la acompaña— su razón de ser. Así, el mito de la ciudadanía se convierte en el anclaje político-cultural en el que Taylor y Habermas fundamentan la posibilidad no solo de los derechos, sino, sobre todo, de los Estados democráticos. Los principios constitucionales adquieren su valor en las prácticas sociales que llevan a cabo aquellos que son libres e iguales «en el contexto histórico de una nación de ciudadanos».[5] A pesar de las correcciones que Habermas introduce a la noción de ciudadanía, entre

---

4. J. Habermas, *Facticidad y validez*, *op. cit.*, p. 628.
5. *Ibid.*

las que subraya que esta no tiene por qué apoyarse en un origen étnico, lingüístico o cultural, no puede desprenderse de la matriz excluyente de su mito. En última instancia, la exigencia de socialización de todos los ciudadanos en una cultura política común conserva la fuerza excluyente propia de la ciudadanía.

La incapacidad para dar respuesta a la vida de quienes han sido desplazados a los márgenes de la ciudadanía y la persona se debe, en gran medida, a los presupuestos de autarquía implícitos en el Estado nación. Así, la exigencia de «un derecho a tener derechos», tal y como lo pensó Arendt, solo puede tener sentido si se adquiere el compromiso de renunciar —de una vez y para siempre— al mito de la autosuficiencia del Estado en el que anida la ciudadanía.[6] Como hemos visto, el mito de la ciudadanía instaurado en el marco del Estado autárquico y omnipotente desplaza a los márgenes de la normalidad a los excluidos de la ciudadanía y a los titulares de una «ciudadanía frágil». Consecuentemente, el nexo jurídico-político entre soberanía y territorio hace que la cuestión de la membresía, de quiénes son sujetos de pleno derecho de un Estado, sea la forma en la que el Estado se piensa y en la que está obligado a pensarse.[7]

Y, sin embargo, hay un desfase entre la representación del Estado autárquico, omnipotente dentro de sus límites territoriales, y la presencia y la participación de individuos que no son sus ciudadanos. En este sentido, los intentos por explicar la realidad política de los Estados a partir de la idea de pertenencia no consiguen dar cuenta de la participación política no formal, a través de los movimientos sociales, de agentes que no encajan en el perfil de ciudadano. Para dar cuenta de este fenómeno, el término inglés *denizenship* pone de relieve la existencia de otra forma de habitar

6. Cf. É. Balibar, *Ciudadanía*, Buenos Aires, Adriana Hidalgo, 2013, pp. 38 ss.

7. Cf. S. Mezzadra, *Derecho de fuga. Migraciones, ciudadanía y globalización*, Madrid, Traficantes de Sueños, 2005, pp. 96 ss.

en una comunidad. Un *denizen* no es otra cosa que un extranjero con permiso de residencia al que, como hemos visto en el capítulo precedente, le es negado el derecho de participación política formal y su presencia en el territorio está condicionada a la renovación de su permiso de residencia (en el caso de que no tenga un permiso de residencia permanente). El *denizen* se encuentra en una situación privilegiada en comparación con aquellos residentes en situación irregular administrativa, para los que la espada de la expulsión está siempre pendiendo sobre sus cabezas. Y, no obstante, su situación está lejos de ofrecer la seguridad que le es garantizada a los ciudadanos. También ellos pueden ser expulsados en situaciones extremas —como representar una amenaza para el país de residencia o cometer conductas tipificadas como muy graves— y, conviene no olvidar, que el muro que les impide ser agentes activos en política se mantiene. En este sentido, me cuesta compartir el entusiasmo mostrado por algunos académicos[8] por esta nueva e inclusiva categoría de residentes que recoge el término *denizens*, que ni es tan nueva —pues extranjeros residentes eran los metecos en la antigua Grecia— ni tan inclusiva —dado que se mantienen las fronteras con aquellos residentes que ostentan el título de ciudadanía—. Estamos de acuerdo en que la seguridad que brinda un permiso de residencia facilita el desarrollo de la vida en múltiples esferas —desde la laboral a la afectiva y también, desde luego, en la política no formalizada a través de los movimientos civiles—, pero, sin embargo, es crucial no perder de vista que la exclusión de la esfera política formal se mantiene.

Cuando Habermas repite que en Europa el estatus del ciudadano, de los extranjeros y de los apátridas es prácticamente igual, puesto que nuestras constituciones están vertebradas por el respeto a los derechos humanos, olvida la condición de provisionalidad de

---

8. Cf. T. Hammar, *Democracy and the Nation State. Aliens, Denizens and Citizens in a World of International Migration*, Nueva York, Routledge, 2016, pp. 13 ss.

la residencia de estos últimos —determinante para construir un proyecto vital— y su exclusión de la esfera política. Así, es cuando menos cuestionable que el número de leyes que no distinguen entre ciudadanos y extranjeros relativice «la importancia que en la práctica pueda tener la falta de nacionalidad».[9] Este marco democrático habermasiano normaliza que las personas extranjeras tengan una voz fatigada, extenuada, exangüe; un hilo de voz destinado a extinguirse y volver a aparecer solo cuando balbuce en el idioma de la comunidad política del país de recepción.

La ciudadanía europea pensada por Habermas, que permite desvincular los derechos de ciudadanía de la identidad nacional se topa con el mismo problema que cualquier ciudadanía nacional: cómo armonizar los privilegios reconocidos solo a los miembros legítimos de un territorio, esto es, a los ciudadanos, y los derechos de los hombres en cuanto hombres ratificados en las declaraciones universales de derechos. La solución ofrecida por Habermas para pensar la ciudadanía europea como una fórmula de integración en una comunidad política, y no en una étnico-cultural como la de los comunitarismos,[10] conserva, seguramente a su pesar, un poso identitario del que es difícil deshacerse. Es cierto que su propuesta de ciudadanía europea desde los principios liberales democráticos se encuentra en las antípodas del matiz identitario presente en los comunitarismos y, sin embargo, su proyecto conserva una jerarquía social legitimada bajo «el derecho a preservar la propia cultura política».[11] La noción de comunidad, con independencia de si esta se propone como étnica, histórica o política, precisa de la identificación de sus miembros, esto es, de un mito que dé lugar a una construcción identitaria sobre la que basar su unión.

9. J. Habermas, *Facticidad y validez*, *op. cit.*, p. 637.
10. Cf. M. Walzer, *Spheres of Justice. A Defense of Pluralism and Equality*, Nueva York, Basic Books, 1986, pp. 249-280.
11. J. Habermas, *Facticidad y validez*, *op. cit.*, p. 643.

Si de lo que se trata es de examinar las condiciones de posibilidad de convertir el dispositivo de la ciudadanía en una herramienta inclusiva, la primera pregunta que podríamos plantearnos sería: ¿Hasta qué punto y dentro de qué límites —legales y simbólicos— puede extenderse la ciudadanía? La ciudadanía es, principalmente, un dispositivo jurídico basado en la propiedad. Así, al igual que la persona, la ciudadanía debería ser pensada desde el tener y no desde el ser, puesto que en realidad la persona y la ciudadanía son un estatus que se tiene y no algo que se es. Desde este punto de vista, la crítica de Esposito a la capacidad universal del derecho es determinante. El derecho y, consecuentemente, el dispositivo de la ciudadanía, como evidencia el mito sobre el que está fundado, solo puede pensarse desde la parte; nunca desde el todo. La totalidad, como no se cansó de repetir Weil, pertenece a la justicia. Hay algo ingenuo o, peor, perverso, en reivindicar la extensión de un derecho a todos sin reconocer, a la vez, el vaciamiento de su sentido.[12] La pretensión de una ciudadanía inclusiva hasta tocar los lindes con una ciudadanía universal, esa ciudadanía que tantas veces se ha presentado bajo el perfil de poder ser ciudadano del mundo, olvida, consciente o inconscientemente, que el derecho es por definición inmunitario. El valor de la ciudadanía reside, precisamente, en esa facultad que tiene para distinguir entre «miembros legítimos» e «incómodos residentes», entre «sujetos de derecho» y «hombres vulnerables». La igualdad de la ciudadanía, escribe Sassen, se basa en la noción de pertenencia y, de esta forma, la condición de ciudadano constituye el sustrato de políticas e identidades exclusivistas.[13]

La creencia de que una ciudadanía europea o una ciudadanía cosmopolita pueden ser suficientes para incluir a todos aquellos

12. Cf. R. Esposito, *Immunitas. Protección y negación de la vida*, Buenos Aires, Amorrortu, 2005, p. 40.
13. S. Sassen, *Contrageografías de la globalización. Género y ciudadanía en los circuitos fronterizos*, Madrid, Traficantes de Sueños, 2003, p. 96.

sujetos vulnerables que reclaman justicia me resulta ingenua. En un texto de 1943, Weil sentenció que solo una inteligencia oscurecida podía reclamar para todos una parte igual en los privilegios. Una reivindicación que tildó, a la vez, de absurda y baja: «absurda, porque el privilegio por definición es desigual; baja, porque no vale como para ser deseado».[14] Asumir acríticamente que la herramienta para incluir a aquellos que no son reconocidos como sujetos de justicia es la ciudadanía, es decir, precisamente aquella herramienta que ha propiciado su desplazamiento a los márgenes y su expulsión del régimen de la persona, es una estrategia posible, pero puede que no la mejor. Desde luego, en defensa de esta aproximación se podrá argüir que, si el problema es la falta de ciudadanía o la tenencia de una «ciudadanía frágil», la respuesta lógica sería extender la ciudadanía con el objetivo de incluir a aquellos que se encuentran fuera. Sin embargo, como insistió Weil, si reconocemos el carácter identitario y excluyente sobre el que se funda el derecho en general y la ciudadanía en particular, si tenemos presente el mito que inaugura y acompaña al ciudadano, entonces el alcance de esta estrategia nos parecerá insuficiente.

Pero la extensión de la ciudadanía es solo una de las estrategias posibles. Rechazarla no quiere decir abandonar toda esperanza de poder dar respuesta a los millones de hombres y mujeres que no son reconocidos como sujetos de justicia y que por ello se encuentran en una situación vulnerable.[15] De forma análoga, la estrecha vinculación entre la persona y el ciudadano nos impide afirmar que la primera pueda ser el nuevo concepto-guía de la filosofía política. La creencia de que los derechos humanos se dirigen a las personas en cuanto personas,[16] con independencia de su estatus jurídico, se ha revelado en demasiadas ocasiones

14. S. Weil, *Escritos de Londres y últimas cartas*, Madrid, Trotta, 2000, p. 29.
15. Cf. M. Seguró, *Vulnerabilidad*, Barcelona, Herder, 2021, pp. 116-127.
16. Cf. S. Rodotà, *La vita e le regole. Tra diritto e non diritto*, Milán, Feltrinelli, 2006.

falsa. Y, no obstante, su falsedad no es el resultado, o no solo, de la maldad política, sino, como hemos visto en el capítulo previo, del propio dispositivo de la persona. Así las cosas, quizá debamos ir más allá y ser capaces de imaginar la posibilidad de inventar nuevos conceptos y, tal vez, nuevas instituciones. Unas que, como escribió Weil, se encuentren por encima de las instituciones destinadas a proteger el derecho, las personas y las libertades democráticas. En otras palabras, unas instituciones que abandonen el lenguaje comercial del derecho y aprendan el difícil idioma de la justicia. Unas que todavía no existen, que quizá no han sido imaginadas, unas que hay que inventar pues «son desconocidas, y es imposible dudar acerca de si son indispensables».[17] Restringir nuestra capacidad imaginativa para buscar soluciones al ámbito de la ciudadanía, que ya sabemos que es por definición excluyente, es absurdo. Necesitamos estar a la altura, lo que en ningún caso quiere decir ser ingenuos, para encontrar las fórmulas que nos permitan proteger la vida, con independencia de su inscripción en el ordenamiento jurídico.

2. El acontecer de lo impersonal o la tercera persona

Las dificultades inherentes al dispositivo de la persona, que conserva una cesura en el interior del hombre, obligan a Weil a desplazar su atención hacia otro lugar. La gramática de los derechos —producto de un exceso de declaraciones, tratados, pactos, libros, congresos y un largo etcétera— ha eliminado el carácter histórico y ha confundido los derechos de la persona con los derechos del hombre. Una vez que ha sido constatado el poder normativizador de la categoría de la persona, Weil, seguida con años de distancia por Esposito y Agamben, explora la posibilidad

---

17. S. Weil, *Escritos de Londres y últimas cartas, op. cit.*, p. 40.

de escapar a la cesura y la trascendencia propias del régimen de la persona. A pesar de la omnipresente retórica de compromiso humanitario, de los esfuerzos, seguramente sinceros, de organizaciones internacionales y de los Estados que firman declaraciones a favor de los derechos humanos, ningún derecho está «tan desatendido como el de la vida para millones de seres humanos».[18]

Como resultado de este escenario, la noción de lo impersonal, desarrollada por Weil, se plantea como un nuevo horizonte teórico desde el que pensar el hombre. Los umbrales de inclusión y exclusión propios de la ciudadanía y de la persona son abordados, por la filosofía de lo impersonal —especialmente en los últimos treinta años—, desde el abandono de estas categorías centrales de la filosofía política. Así, si la persona permitía establecer un núcleo soberano de dominio sobre la animalidad del hombre, lo impersonal, sin ambages, renuncia a la cesura.

A principios de los años cuarenta del siglo pasado, Weil interpretó como signo mortífero la persistencia de este corte; un umbral entre la vida política y la vida biológica que no puede escapar a su destino de ser un productor incesante de muerte. Pero Weil no se detuvo en esta constatación, sino que inauguró una forma de pensar que con el paso de los años se ha revelado profundamente fértil, a saber, el pensamiento de lo impersonal. Una corriente que plantea un vector potencialmente alternativo al dispositivo de la persona y a su deriva mortífera. Así, la única posibilidad que encuentra Weil para sustraerse a las consecuencias tanatopolíticas de la persona es realizar una inversión que le permite plantear lo impersonal: lo sagrado, lejos de ser la persona «es aquello que en el ser humano es impersonal».[19] Lo impersonal, a diferencia de la persona y su relación con sus atributos, con su estatus jurídico a través de la ciudadanía, con sus filiaciones po-

18. R. Esposito, *Tercera persona. Política de la vida y filosofía de lo impersonal*, Buenos Aires, Amorrortu, 2009, p. 110.
19. S. Weil, *Escritos de Londres y últimas cartas, op. cit.*, p. 20.

líticas, etcétera, es lo anónimo, aquello que, como señala Esposito, se encuentra antes o después del sujeto personal y no coincide nunca con él.[20]

El tránsito del hombre a la persona que posibilita la inscripción de la vida en el ordenamiento jurídico es el primer elemento que la filosofía de lo impersonal rechaza. En lugar de pensar el sujeto desde sus características —desde sus propiedades— se trata de imaginar figuras políticamente significativas más allá o más acá, pero fuera de la perspectiva identitaria. Y esto quiere decir, desde luego, alejarnos no solo del yo y sus atributos, sino también de la identidad compartida que se enuncia en el «nosotros». Sabemos que el mito de la ciudadanía opera a nivel individual —reconociendo unos derechos a un determinado sujeto—, pero también produciendo un discurso colectivo que, para asegurar la unión de sus miembros, construye una identidad compartida por los integrantes. El riesgo de la colectividad, advierte Weil, no es solo la tendencia a constreñir a la persona, sino la predisposición de esta última a ahogarse en lo colectivo.[21] Así como los atenienses se pensaban como hijos de Erictonio, partícipes de la estirpe mimada de Atenea, también nuestras sociedades contemporáneas encuentran nuevas formas de actualizar el mito y caer presas de lo colectivo.

Lo impersonal, por el contrario, abandona cualquier forma de identidad, individual o colectiva, para encontrar en su seno «una responsabilidad respecto a todos los seres humanos»,[22] una responsabilidad que apela a la protección de aquello que no es, ni puede ser, identitario. Y esto es determinante para no confundir la filosofía de lo impersonal con una filosofía individualista: frente al derecho de cada individuo, Weil contrapone la obligación de cada uno para con los otros. Un otro que, sin

20. Cf. R. Esposito, *Tercera persona*, op. cit., pp. 147 ss.
21. Cf. S. Weil, *Escritos de Londres y últimas cartas*, op. cit., p. 23.
22. *Ibid.*

embargo, no es una segunda persona, sino una tercera. Si el derecho garantiza la protección de un número determinado de privilegios a un grupo delimitado de personas —a sus ciudadanos—, la filosofía de lo impersonal se enuncia desde una tercera persona que «no es referible a nadie o bien es extensible a todos».[23] Desde esta perspectiva, lo que ofrece la filosofía de lo impersonal es el cierre de la herida provocada por el dispositivo de la persona y el de la ciudadanía que dividen al hombre y producen dos esferas, una política y otra biológica. El relato identitario que vertebra el dispositivo de la persona y el de ciudadanía se desactiva con la presencia de un sujeto anónimo que no es reducible a las categorías jurídico-políticas: un ser cualsea, sentenció Agamben hace más de treinta años. Un ser, precisa en *La comunidad que viene*, que no importe cuál, sino «el ser tal que, sea cual sea, importe».[24] Un hombre que no se defina por sus atributos como propietario, por su condición de nacional, de credo o de preferencia política, «sino solo en su ser tal cual es».[25] Esta figura, el cualsea, la tercera persona o lo impersonal, representa un ser-tal que no coincide con sus propiedades —y, por supuesto, tampoco con su ciudadanía— y, consecuentemente, da lugar a otras formas de relación comunitarias. Estas nuevas formas de relación ya no están basadas en la titularidad de una determinada ciudadanía, sino sobre la obligación de proteger a cada hombre.

Pero para atender a esta obligación es necesario poder reconocer lo impersonal. Weil identifica el germen de esta figura en el grito que profiere el hombre al que se le inflige un mal. Ese grito no es algo personal «y brota siempre a causa de la sensación de un contacto con la injusticia a través del dolor. Constituye siempre, tanto en el último de los hombres como en Cristo, una

---

23. R. Esposito, *Tercera persona, op. cit.*, p. 155.
24. G. Agamben, *La comunidad que viene*, Valencia, Pre-Textos, 1996, p. 9.
25. *Ibid.*

protesta impersonal».[26] Así, el grito que atraviesa la pregunta «¿por qué se me hace daño?» tiene un carácter ontológico y existencial para la naturaleza humana. Y, sin embargo, este lamento que permitiría conocer la parte impersonal del hombre no es atendido: se finge no escucharlo hasta que verdaderamente ya no se escucha. Como mucho, señala Weil, se pretende responder a la injusticia con el derecho, pero este, dirigido a las cosas personales, solo puede articularse en términos de reivindicación y, por consiguiente, comerciales.

Desde su enunciación como mito de autoctonía, la ciudadanía ha mostrado su capacidad para individualizar al hombre, para convertir una propiedad —la posesión de un estatus jurídico— en una fuente de identidad. La reivindicación del carácter impersonal del hombre nos sitúa en un horizonte en el que podemos aventurarnos a pensar una vida que no está definida por sus atributivos; una vida, en pocas palabras, que no nace condicionada por su inscripción en un ordenamiento jurídico. Una vida que coincide con su modo de *ser*, que no *es* lo que tiene; una vida, como propondrá Agamben, que es una forma-de-vida.[27] Una persona viviente, escribirá Esposito, «no separada de su vida ni implantada en ella, sino coincidente con ella como sínolon inescindible de forma y fuerza, externo e interno, *bíos* y *zoé*».[28]

Sin embargo, la irrepresentabilidad de esta vida impersonal, de una singularidad cualsea cuyos atributos no permiten su individualización, se topa con la exigencia del Estado de identificar a sus miembros para trazar sus propios límites. El ejercicio de diferenciación que lleva a cabo el aparato jurídico-político a través del dispositivo de la ciudadanía, que distingue entre hombres a los que reconoce como propios y hombres a los que identifica como

26. S. Weil, *Escritos de Londres y últimas cartas*, op. cit., p. 20.
27. G. Agamben, *El uso de los cuerpos*, Buenos Aires, Adriana Hidalgo, 2017, pp. 347-382.
28. R. Esposito, *Tercera persona*, op. cit., p. 216.

extraños, ciudadanos y extranjeros, requiere de la individualización. Pero sabemos que no se trata solo de eso: el mito de la ciudadanía, además, transforma el estatus jurídico en una identidad. En este sentido, la ciudadanía es mucho más que una herramienta jurídica para garantizar la pertenencia; no es algo que se tenga, sino algo que se es. La singularidad cualsea imaginada por Agamben, la tercera persona de Esposito o lo impersonal de Weil representan una amenaza para la organización del Estado precisamente por su rechazo de la individualización de la ciudadanía. No solo es una amenaza, sino que la singularidad cualsea, que abandona toda identidad y toda condición de pertenencia, es el principal enemigo del Estado. Allí donde acontezcan estas singularidades, allí donde expongan su ser común, antes o después, advierte Agamben, llegarán los carros blindados.[29]

*

Una comunidad sin ciudadanos, una comunidad sin personas —en el sentido en el que hemos visto—, quiere decir una comunidad sin identidad compartida que hacer valer, sin miembros inscritos en el mito de la ciudadanía: todos y ninguno pueden habitarla. Una comunidad desde su composición heterogénea y diacrónica que permite reformular los términos en los que pensamos el hecho inevitable de que vivimos en común. En pocas palabras, una comunidad abierta e inacabada, carente de mitos identitarios a los que apelar para justificar la presencia del hombre, su pertenencia y su condición de ciudadano legítimo. Si se quiere poner fin al corte que separa al hombre de sí mismo, si realmente encontramos el coraje para pensar más allá de la ciudadanía, puede que esta figura de lo impersonal se convierta en una buena guía.

29. G. Agamben, *La comunidad que viene*, op. cit., pp. 54-55.

9. La agonía de la ciudadanía: una propuesta

La figura de lo impersonal nos permite pensar el habitar del hombre desde otro lugar, pero también con otra gramática. En lugar de la exaltación de la pertenencia, de la condición de miembro legítimo reivindicado por el mito de la ciudadanía, lo impersonal plantea una singularidad que acaba con la cesura entre una vida cualificada —la del ciudadano— y una simple vida biológica —la del hombre—. Lo impersonal, entonces, es un artefacto que descentra la ciudadanía, que evidencia la distancia que separa al derecho de la justicia y testimonia la imposibilidad de representarse en términos jurídicos. Así, el desafío que trae consigo la figura de lo impersonal lo es, en primer lugar, para la ciudadanía como dispositivo jurídico que hace del nacimiento un acontecimiento político, pero, también, es un reto para el derecho en su totalidad. Lo impersonal, que se muestra en el rostro anónimo de la necesidad, en el grito que profiere aquel al que se le hace daño, se aleja de la representación jurídica prescrita por la ciudadanía.

Lo impersonal apunta hacia un agotamiento de las categorías jurídico-políticas occidentales, pero, sobre todo, evidencia los apuros en los que se encuentra el concepto-guía de la ciudadanía. Como hemos visto en las páginas anteriores, autoras como Arendt y Weil dedicaron ríos de tinta a subrayar la vulnerabilidad de aquellos hombres y mujeres que se encontraban —desde el nacimiento o como fruto de los procesos de desnaturalización— privados de ciudadanía. Sin embargo, debemos seguir el camino sugerido por estas autoras y dar un paso más. Resulta del todo insuficiente detenerse en el reconocimiento de la desprotección del apátrida y no interrogar al artefacto que produce la situación de abandono. En este sentido, parece que persiste cierto desfase entre, por un lado, reconocer la condición de precariedad existencial provocada por la privación de una ciudadanía —o por la tenencia de una «frágil»— y, por el otro, el examen del propio dispositivo de la ciudadanía. Este desacoplamiento nos aleja de una posible revisión de la ciudadanía y sus efectos, pero, lo que es peor, nos impide pensar alternativas para una protección integral de la vida. Así, reconocer la desprotección del apátrida o del titular de una «ciudadanía frágil» no debería conllevar la obligación de asumir, acríticamente, que la adquisición de una ciudadanía fuerte sea el camino deseable. Al contrario, nos parece que la ciudadanía, como dispositivo identitario y excluyente, nunca podrá ser algo de lo que sentirse orgullosos o un bien deseable para compartir.[1] Nos queda a nosotros, entonces, indagar cuál podría ser ese camino.

1. La abstención de la ciudadanía

Si tomamos en serio la advertencia con la que cierra el primer volumen de *Homo sacer*, aquella que alerta de una catástrofe biopolítica sin precedentes resultado de la escisión que separa al hombre en una vida política y una vida biológica, entonces es probable que examinemos no solo los antecedentes de esta si-

---

1. Cf. G. Agamben, «Perché non ho firmato l'appello sullo *ius soli*», *Quodlibet*, 18 de octubre de 2017.

tuación, sino, también, sus puntos de fuga. En este sentido, el papel protagonista que desempeña la ciudadanía en este desastre exige su confrontación. Sin embargo, desde un punto de vista teórico, prescindir de la ciudadanía resulta extremadamente difícil, ya que su naturalización ha normalizado la vinculación entre la constitución de un orden nacional del territorio, la autoridad y los derechos reconocidos a sus miembros.[2] La centralidad que la ciudadanía ocupa en la filosofía política representa un desafío para el pensamiento político, que trata de encontrar una respuesta a la crisis biopolítica con los mismos lenguajes, conceptos e imágenes que la causan.

La incomodidad que desencadena la propuesta de un descentramiento de la ciudadanía o, todavía más, de una desactivación, por usar las palabras de Agamben, da cuenta de hasta qué punto la ciudadanía es un artefacto que ha sido completamente naturalizado. Así como la celebrada cita que Fredric Jameson atribuye a «alguien» nos recuerda que «es más fácil imaginar el fin del mundo que el fin del capitalismo»,[3] podríamos decir que nos resulta más sencillo imaginar el fin de la comunidad política que el fin de la ciudadanía. Y, no obstante, el abandono de la ciudadanía como concepto-guía de la política no implica la disolución de la comunidad o la imposibilidad de su existencia. El descentramiento de la ciudadanía produce, más bien, la posibilidad de aproximarnos a la comunidad desde otras coordenadas, de representar la comunidad con una gramática diferente. Los relatos que vertebran el mito de la ciudadanía han favorecido que esta sea no solo un mecanismo jurídico-político para establecer la pertenencia a un Estado nación, sino, más bien, un verdadero mecanismo afectivo de cohesión. Desde esta perspectiva, poner en tela de juicio el dispositivo de la ciudadanía nos obliga a aban-

---

2. S. Sassen, *Territorio, autoridad y derechos. De los ensamblajes medievales a los ensamblajes globales*, Buenos Aires, Katz, 2010, pp. 26 ss.

3. F. Jameson, «La ciudad futura», *New Left Review*, 21, 2003, p. 103.

donar la representación identitaria de la comunidad. Nos fuerza, sobre todo, a deshacernos de la supuesta dignidad que hay en el nacimiento y en la sangre. El descentramiento de los conceptos fundamentales con los que hasta ahora hemos representado lo político —el ciudadano y sus derechos, el Estado soberano y sus fronteras, etcétera— puede ofrecernos un lugar privilegiado desde el que prestar atención a otras figuras periféricas. Así, el debilitamiento de la ciudadanía y, sobre todo, de su mito, que hace de la pertenencia una identidad que ha de hacerse valer, permite aproximarnos a lo político desde sus márgenes. Desactivar la ciudadanía[4] quiere decir escapar de la escisión que el dispositivo jurídico provoca en el hombre; quiere decir, en última instancia, pensar desde fuera la división entre vida política y vida biológica. Este abandono obliga a la reflexión filosófica a reconocer que todo el edificio conceptual que vertebra el mito de la ciudadanía corre peligro. La tarea a la que nos enfrentamos nos obliga a «reconstruir nuestra filosofía política»[5] a partir de figuras marginales, despreciadas no solo por no encajar en el mito de la ciudadanía, sino, precisamente, por su capacidad para ponerlo en cuestión.

2. *Figuras del exilio*

El exilio, la necesidad de abandonar la tierra en la que se ha nacido —bien por imposición externa o por necesidades propias— siempre ha sido representado como una de las peores calamidades que pueden sucederle al ser humano. Tanto en el relato autobiográfico literario —Angelika Schrobsdorff, Carlo Levi o Lidia Chukóvskaia— como en el estudio teórico —Hannah Arendt, Edward

---

4. Cf. G. Agamben, *El uso de los cuerpos*, Buenos Aires, Adriana Hidalgo, 2017, pp. 469-495.
5. *Id.*, *Medios sin fin. Notas sobre la política*, Valencia, Pre-Textos, 2001, p. 22.

Said o Abdelmalek Sayad— el exilio simboliza la condición de un abandono terminal. Es la grieta, escribe Said, que no puede cicatrizar jamás entre un ser humano y su lugar natal, «entre el yo y su verdadero hogar: nunca se puede superar su esencial tristeza».[6] Aquel que se ve obligado —por violencia institucional o por circunstancias sociales o personales— a dejar su lugar natal solo puede representarse como un hombre con una herida imposible de sanar. La salida del lugar de nacimiento es experimentada como un abandono en doble sentido: el exiliado se aleja de la patria, pero la patria también se distancia del exiliado. El exiliado es, en otras palabras, un huérfano al que la madre patria ha dado la espalda.

El exiliado se convierte en un hombre que busca refugio y que, de obtenerlo, podrá cobijarse en un territorio que le es extraño. Esta figura límite ha evidenciado, al menos desde la publicación de *Los orígenes del totalitarismo*, la imbricación entre los derechos del hombre y la condición del ciudadano. Desde esta perspectiva, la condición del exiliado manifiesta la ficción que representan unos derechos atribuidos al hombre pero que solo pertenecen al ciudadano. Así, lo que pierde el exiliado no es la pertenencia a la tierra que le es propia y que le proporciona una identidad —como narra el mito de autoctonía ateniense—, sino los derechos que van asociados a su condición de ciudadano. La identificación entre nacimiento y nación, entre ciudadanía e identidad, secuestra el discurso sobre la condición del exiliado e invisibiliza la auténtica pérdida: la de los derechos del ciudadano. Si somos capaces de poner en suspenso el relato mítico de la ciudadanía, aquel que dota de una identidad ciudadana el nacimiento, entonces sí es cierto que la expulsión del lugar natal abre una grieta —casi— imposible de cicatrizar, pero no por el abandono de una tierra con la que hay una unión basada en la identidad, sino porque esa tierra es la que garantiza el reconocimiento

6. E. Said, *Reflexiones sobre el exilio*, Barcelona, Debate, 2005, p. 141.

del hombre como ciudadano titular de derechos. En este sentido, como advirtió Arendt, el refugiado del siglo XX mostró que la salida del territorio natal no implicó solo la evidente pérdida de su hogar, de su círculo comunitario y de su lengua, sino, sobre todo, la imposibilidad de hallar una nueva comunidad a la que pertenecer.[7] La cesura que expone el exilio no es simplemente la que separa al hombre de su identidad nacional, sino la que lo aleja de su condición de sujeto político. Así, la expulsión del exiliado es doble: de la tierra, pero también de la esfera política. El exiliado es aquel al que Aristóteles otorgó el dudoso privilegio de encontrarse en el intersticio de la bestia y de la divinidad, «un ser inferior o un ser superior»; un ser sin tribu, sin pertenencia, «como una pieza aislada en el juego de damas».[8]

También las tragedias griegas dan cuenta de la incomodidad que producía la condición de exiliado. En estas no se formula la pregunta «¿quién es un ciudadano?», pero la respuesta se brinda extensamente. Lo asombroso *(deinós)*, pero también lo temible del hombre, está intrínsecamente relacionado con su capacidad para pertenecer —y para ser expulsado— de una comunidad política. Como señala Castoriadis, una lectura atenta de las palabras del coro de *Antígona* permite comprender que la distinción entre el bien y el mal cometido por la protagonista no se juzga desde una perspectiva moral, sino desde una interpretación estrictamente política.[9] El bien aparece representado por la figura del *hupsípolis*, es decir, el grande en su ciudad, el que pertenece a su *pólis* y el que respeta las leyes de la tierra. A esta imagen se contrapone el *ápolis*, a saber, aquel que ha sido privado «debido a su osadía»[10] de su comunidad política. Y, sin embargo, al contra-

---

7. Cf. H. Arendt, *Los orígenes del totalitarismo*, Madrid, Alianza, 2006, pp. 416-417.

8. Aristóteles, *Política*, Madrid, Gredos, 1988, 1253a 5-10.

9. C. Castoriadis, *Figuras de lo pensable*, Buenos Aires, FCE, 2006, p. 25.

10. Sófocles, «Antígona», en *Tragedias*, Madrid, Gredos, 1981, 369-371.

rio de lo que a simple vista podría parecernos, el que se queda fuera de la comunidad política es, paradójicamente, un sujeto radicalmente político.

En su tratado sobre el destierro, Plutarco se deshace del mito de la ciudadanía y da los primeros pasos hacia una teoría del exilio. Allí escribe a su amigo Menémaco, desterrado de Sardes, sobre otra posible lectura del destierro. Este ya no es una pena, una expulsión de la comunidad política que implica, llevada hasta sus últimas consecuencias, una exclusión del género humano. Por un lado, le recuerda a su amigo que la patria no es por naturaleza, sino que esta se nombra «siempre en relación con quien la habita y la usa»,[11] lo cual ya supone una inversión del mito de autoctonía ateniense, que ligaba la suerte del nacimiento a la pertenencia a la patria. Pero es que, por otro lado, Plutarco va más allá e insiste en el carácter artificial y empobrecedor de la vinculación a la patria, pues, escribe, «verdaderamente, la naturaleza nos deja libres y liberados, pero nosotros mismos nos atamos, nos estrechamos, encerramos entre muros, nos reducimos en lo pequeño y mezquino».[12] En su tratado, Plutarco da cuenta de que desembarazarnos del mito de la ciudadanía puede querer decir, también, resignificar el exilio. En este sentido, reivindicar la condición humana no desde el arraigo a la pequeña patria, sino desde el exilio no implica afirmar su apoliticidad, sino, al contrario, reclamar «el exilio como la condición política más auténtica».[13]

Pero no es Plutarco el único en narrar de forma diferente el exilio. Si nos acercamos al Génesis, allí encontramos relatada la primera forma de exilio: la expulsión del Edén. La fórmula por la cual Dios crea a Adán y le entrega una tierra de la que luego

11. Plutarco, «Sobre el destierro», en *Obras morales y de costumbres (Moralia),* vol. VIII, Madrid, Gredos, 1996, 600e-f.

12. *Ibid.,* 601d.

13. G. Agamben, «Política del exilio», *Archipiélago. Cuadernos de crítica de la cultura* 26-27 (1996), p. 52.

lo expulsa puede entenderse como la fundación de un primer exilio. Una expulsión que convierte al hombre en un extranjero en la tierra que deberá habitar. El destierro del Edén condena al ser humano no a la errancia, sino a no poder poseer la tierra en la que debe morar. En este sentido, como recuerda Di Cesare, «esta separación de la tierra, que se encuentra en la base de la Ciudad bíblica, hace vacua cualquier forma de autoctonía».[14] El paradigma del exilio del Edén se presenta como un salir-atravesar-entrar en una nueva tierra que imposibilita la coincidencia entre el hombre y el lugar que habita. Así, desde esta perspectiva, el exilio puede dejar de ser una figura política marginal,[15] destinada a corregirse mediante los procesos de naturalización, para afirmarse «como un concepto filosófico-político fundamental, tal vez el único que, al romper la espesa trama de la tradición política todavía hoy dominante, podría permitir replantear la política de Occidente».[16]

El refugiado

Nadie tanto como el refugiado evidencia eso a lo que Sófocles se refirió como lo inquietante o asombroso *(deinós)* del hombre.[17] La irrupción del refugiado en un territorio al que no pertenece muestra la falta de continuidad entre el hombre y el ciudadano, entre el nacimiento y la nacionalidad; pone al Estado frente a un hombre sin la máscara de ciudadano que constantemente lo cubre.

14. D. Di Cesare, *Stranieri residenti. Una filosofia della migrazione*, Turín, Bollati Boringhieri, 2017, p. 195.
15. Para una aproximación más profunda de las posibilidades que puede representar el exilio y de las posibilidades de repensar un proyecto ético-político en torno a esta figura, cf. C. Meloni, *Feminismos fronterizos*, Madrid, Kaótica Libros, 2021, pp. 215-239.
16. G. Agamben, «Política del exilio», *op. cit.*, p. 52.
17. Cf. *id.*, *Medios sin fin, op. cit.*, pp. 22 ss.

La historia ha proscrito esta figura condenándola a ser un mal marginal, circunstancial y, sobre todo, transitorio, obligado a resolverse con la inscripción de esa vida adulta en un ordenamiento jurídico. La capacidad transformadora del refugiado reside en que su presencia apunta hacia la ficción sobre la que se funda el Estado nación y, precisamente por eso, Arendt entrevió en él «la vanguardia de los pueblos».[18] Así, para Arendt, los refugiados que no tenían como principal objetivo la asimilación anunciaban, con su simple presencia, el resquebrajamiento del Estado nación. Los refugiados son presentados como la vanguardia de los pueblos porque ellos simbolizan «la única figura pensable del pueblo de nuestro tiempo».[19] La oportunidad que nos brinda el refugiado es la de deshacernos, de una vez por todas, del mito de la ciudadanía y de sus nefastas consecuencias. En este sentido, el refugiado es «nada menos que un concepto-límite que pone en crisis radical el principio del Estado-nación»[20] y que nos ofrece la posibilidad de iniciar una renovación categorial de lo político que es urgente.

Si nos tomamos con la seriedad que merecen los datos que ofrecen las organizaciones que atienden a las personas desplazadas, es necesario que encontremos el coraje de poner en duda los mecanismos jurídicos que legitiman la exclusión de un número no desdeñable de seres humanos que habitan nuestro planeta. Si queremos evitar que se continúe recluyendo en campos de internamiento a hombres que carecen de un pasaporte, o que tienen uno «frágil», debemos encontrar el valor para renunciar a la ciudadanía y al mito que le da forma, pero, sobre todo, para imaginar otras formas de relación con la tierra. Así, la reconstrucción de nuestra filosofía política nos obliga a pensar un nuevo sujeto que ya no haga valer su pertenencia —supuestamente natural— a una tierra, sino uno que reconozca en sí al exiliado

18. H. Arendt, *Tiempos presentes*, Barcelona, Gedisa, 2002, p. 22.
19. G. Agamben, *Medios sin fin*, *op. cit.*, p. 21.
20. *Ibid.*, p. 27.

que ya es. Este sujeto no es pensable desde la dicotomía entre ciudadanía y hombre, persona y ser humano o vida política y vida biológica, sino, por decirlo con Agamben, desde una *forma-de-vida* que hace de todo él una unidad inseparable.

La vida de aquel que busca refugio, condenado a mantenerse en fuga perpetua hasta el encuentro de un asilo estable en un país extranjero, permanece en constante contacto con el poder —aquel que no lo reconoce—. La privación de ciudadanía del solicitante de asilo —de su inscripción en un ordenamiento jurídico— hace de su vida una estrictamente biológica que, no obstante, tiene que encontrar las formas de esquivar el poder político bajo amenaza de ser capturado, internado en un campo y devuelto a un territorio del que huye. En este sentido, el refugiado enuncia el fin de la escisión inaugurada por el mito de la ciudadanía porque su presencia muestra que, por más que se insista en negar su carácter político, «ninguna vida es más política que la suya».[21] El refugiado se rebela contra esa cesura, que lo niega y lo sentencia, y expone que la brecha que separa al ciudadano del hombre no es más que una decisión política. Así, la vida del refugiado testimonia contra la ficción que hacen del nacimiento y de la nación un acontecimiento natural y deja al descubierto el carácter mítico de esta unión.

Solo si somos capaces de desvincular los derechos de la pertenencia, como nos pide Ferrajoli, quizá encontremos el valor para poner fin «a este gran *apartheid* que excluye de su disfrute a la mayoría del género humano».[22] Pero para ello debemos tomar en consideración no solo la advertencia de Arendt sobre la separación del refugiado de los derechos humanos, sino, sobre todo, el carácter vanguardista que atisbó en esta figura sin pertenencia.

21. G. Agamben, *Homo sacer. El poder soberano y la nuda vida*, Valencia, Pre-Textos, 1998, p. 233.
22. L. Ferrajoli, *Derechos y garantías. La ley del más débil*, Madrid, Trotta, 2010, p. 117.

La falta de membresía del refugiado permite pensar una comunidad que prescinda del mito identitario que enuncia un *éthos* compartido por aquellos que pertenecen a un mismo territorio y plantear, por el contrario, una comunidad basada en el habitar. Desde esta perspectiva, el concepto-guía ya no es el ciudadano y sus derechos, sino «el *refugium* del individuo».[23] Una filosofía política que ponga en el centro el refugio y no la pertenencia perfora el espacio de los Estados. Estos ya no pueden continuar siendo los territorios que conservan y protegen una identidad compartida, que garantizan el habitar a través de la membresía reconocida por la sangre y por el suelo, sino que, más bien, pasan a ser espacios susceptibles de ser habitados por simples residentes.

Extranjeros residentes

Si la figura del refugiado puede ser pensada como el concepto-guía de nuestro tiempo, con el poder de descentrar la ciudadanía, es porque consigue desestabilizar un paradigma político que se nos presenta como obsoleto. Los desplazamientos forzosos nos sitúan frente una realidad que no se puede ignorar. El acceso a la protección que enuncian las declaraciones de derechos se ve limitado, sistemáticamente, por la soberanía de los Estados. Así, una vez que hemos identificado el dispositivo que produce exclusión, las preguntas que deberían guiar nuestra investigación serían: ¿a partir de qué presupuestos es imaginable otra forma de estructurar lo político?, ¿qué conceptos o qué instrumentos pueden ser útiles para este propósito?

El problema puede abordarse desde dos niveles: uno que tiene que ver con la desactivación de los dispositivos que producen muerte y otro que, por decirlo con Esposito, nos emplaza a «la

23. G. Agamben, *Medios sin fin, op. cit.*, p. 29.

activación de nuevos espacios de lo común».[24] En este sentido, la ciudadanía debe ser identificada como el principal dispositivo que, al regular la pertenencia a los Estados y la protección que estos brindan a sus miembros, provoca el aislamiento y la muerte de una parte significativa de la humanidad. Sin embargo, de lo que se trata ahora, más bien, es de imaginar sobre qué presupuestos seríamos capaces de plantear una nueva filosofía política. En este sentido, la elección de Esposito de apelar a lo común no es azarosa. Lo común, que por definición no puede ser un espacio al que pertenezca un grupo de individuos, nos permite pensar comunidades que no estén basadas en la pertenencia y la membresía, sino en la residencia y en el habitar.

Uno de los grandes problemas al que nos enfrentamos cuando tratamos de pensar alternativas al orden vigente es que no encontramos ni las palabras ni las imágenes para representarlas. La naturalización de cierto orden implica, además de su normalización, un determinado lenguaje, con sus imágenes y sus historias, que se presenta como la única herramienta válida para abordar nuestro presente. Y, sin embargo, a veces ese lenguaje no consigue hacer frente a las exigencias de nuestra realidad. No se trata necesariamente de que nos falten palabras, sino, sobre todo, de la plasticidad de sus significados. En nuestra lengua tenemos la noción de «extranjero residente» que, como hemos visto, alude a aquel que habita en un Estado del que no es ciudadano. Sin embargo, si suspendemos momentáneamente la categoría de ciudadano, la figura del extranjero residente puede adquirir otro significado. Como le sucedía al refugiado, el extranjero residente no puede ser definido por su pertenencia «natural» a un territorio. Así, el hecho de que la condición de residencia sin ciudadanía ponga al hombre en una situación precaria por su provisio-

---

24. R. Esposito, «Inmunidad, comunidad y biopolítica», *Las Torres de Lucca*, vol. I (julio-diciembre, 2012), p. 110.

nalidad —a expensas de la decisión soberana que permita su presencia— es solo una de las formas de pensar la residencia del extranjero. Nosotros, nuestro tiempo así lo exige, tenemos que inventar otros lenguajes, otros significados que nos permitan pensar nuestro mundo desde otro lugar.

Una de las perspectivas más sugerentes para plantear la condición del extranjero residente la encontramos en los libros que forman el Pentateuco. En diferentes lugares aparece la palabra griega *proselitós*, *gher* en hebreo, para designar, antes que a un judío converso, al extranjero que reside en un territorio al que no pertenece. Lo central en la figura del *gher* es que este no es un extranjero con el que haya que regatear cuál es la diferencia que los ciudadanos están dispuestos a tolerar, sino que su presencia es innegociable. No es solo que no se pueda oprimir al extranjero *(gher)* porque también el pueblo de Israel ha sido extranjero en Egipto, sino que todo el pueblo adquiere su forma de ser de la experiencia del exilio. Así, *gher* y *ézrakh*, extranjeros y ciudadanos, se rigen por la misma ley que no apela a la posesión de la tierra, sino al simple habitar. Prueba de ello se da en el Levítico, donde se indica que «las tierras no se podrán vender a perpetuidad y sin limitación, porque la tierra es mía y vosotros sois en lo mío extranjeros residentes *(gherim)*» (Lev 25,23). Como ha señalado Di Cesare, esta vinculación entre el *gher* y *ghur*, que quiere decir habitar, propone una vinculación entre el extranjero y su residencia que niega cualquier lógica de autoctonía.[25] Lo que está en juego, en última instancia, es pensar una comunidad que hace del exilio su fundamento. Para llegar a esta noción, explica Cohen, es necesario prescindir de la comunidad de sangre y tribu.[26] El extranjero residente pone fin a la noción de autoctonía, de pertenencia a un lugar, y recuerda que habitar significa conservar una

---

25. D. Di Cesare, *Stranieri residenti, op. cit.*, p. 188.
26. H. Cohen, *El prójimo*, Barcelona, Anthropos, 2004, p. 10.

parte de extrañeza. Así, la figura del *gher* nos presenta un nuevo significado para el extranjero residente. Este, sustraído de la dicotomía interna de la *pólis*, del autóctono y el extranjero, señala una condición universal que hace del habitar un acontecimiento compartido. Si se rechaza la legitimidad de quien reclama para sí la titularidad de la tierra y la pertenencia a través de la posesión, entonces los residentes no se encuentran ya en una situación de desventaja respecto a los «legítimos miembros». La extranjería como fundamento de la comunidad anuncia la imposibilidad de su cierre. A diferencia de lo que ocurría con la unión entre nacimiento y nación, la comunidad que toma como guía al extranjero residente no puede hacer valer una identidad compartida por los que en ella habitan, no puede coincidir nunca con el espacio. La comunidad, privada de la posibilidad de discernir entre miembros propios y extraños, se presenta como una comunidad abierta, como un refugio que ni es, ni puede ser, una patria.

Descentrar la ciudadanía en favor del refugiado, del extranjero residente, quiere decir, también, desplazar la discusión que se da en términos de propiedad —de pertenencia— y plantearla en términos de uso. Así, la desactivación de la ciudadanía conlleva la renuncia a pensar la comunidad con la semántica del *proprium* —de la pertenencia basada en la propiedad de la nacionalidad— y aprender a declinarla en otros términos. Al tomar como concepto-guía de la comunidad al extranjero residente no estamos sino restituyendo la comunidad a su significado más originario de expropiación.[27] Para deshacer «el nudo biopolítico»[28] entre la vida del hombre y el derecho a través de la ciudadanía debemos

---

27. R. Esposito, *Communitas. Origen y destino de la comunidad*, Buenos Aires, Amorrortu, 2003, pp. 22 ss.

28. D. García López, «Paradigma inmunitario y biologización del derecho: derecho biográfico», en D. García López (ed.), *Gobernar los cuerpos: la biopolítica como caja de herramientas*, Valencia, Tirant Humanidades, 2023, p. 311. Para una aproximación mucho más exhaustiva de la filosofía del derecho en Italia, cf. el libro del mismo autor *Ínsulas extrañas. Una ontología jurídica de la*

hacernos cargo de esa alteración que supone estar con los otros. Así, en lugar de enmascarar la fragilidad de la residencia con relatos míticos sobre la autoctonía, sobre la supuesta identidad transmitida y conservada por —y en— la sangre y el suelo, quizá debamos reconocer que no nos une nada más que nuestra precariedad compartida. Si queremos deshacernos de una política *sobre* la vida y dar lugar a una política *de* la vida, tal y como ha propuesto Esposito,[29] es hora de asumir que no tenemos nada en común más que la herida que nos une.

*

La articulación de una política —y, por lo tanto, de un derecho— de la vida debe renunciar, de una vez por todas, al mito de la ciudadanía. El reconocimiento de lo impersonal de Weil, que se hace carne en el extranjero residente o en el refugiado, nos brinda la oportunidad de concebir «una relación intrínseca entre humanidad y derecho sustraída al corte subjetivo de la persona jurídica».[30] El abandono de la ciudadanía como concepto-guía del derecho puede dar lugar a un derecho inmanente que, finalmente, permita reconocer que toda vida es siempre vida política. En este sentido, la articulación de un derecho que tome en su centro no al ciudadano, sino al residente, puede dar lugar al oxímoron de un derecho común. Tomar como concepto-guía la singularidad impersonal, el refugiado o el extranjero residente es un ejercicio que cumple una doble función: por un lado, nos obliga a deshacernos del mito de la ciudadanía

vida a través de la Italian Theory (Agamben, Esposito, Rodotà, Resta), Valencia, Tirant Lo Blanch, 2023.

29. Cf. R. Esposito, *Bíos. Biopolítica y filosofía*, Buenos Aires, Amorrortu, 2006, pp. XVI ss.

30. *Id.*, *Tercera persona. Política de la vida y filosofía de lo impersonal*, Buenos Aires, Amorrortu, 2009, p. 202.

—y, por consiguiente, nos permite desnaturalizar el orden existente— y, por el otro, nos emplaza a imaginar, proyectar y delinear otro orden posible. Si queremos evitar más muertes, más encarcelamientos y más sufrimientos, estas figuras, definidas por su habitar y no por su identidad, deben estar en el centro de la política que viene.

A modo de conclusión: la imaginación y el juego

Los romanos tenían un refrán, que los italianos conservan, que se ha convertido para mí en una guía: *Errare humanum est, perseverare autem diabolicum.* En español nos hemos quedado solo con la primera parte: «equivocarse es humano» y, aunque está bien, olvida la moraleja del refrán: «perseverar —en el error— es diabólico». La ciudadanía ha sido funcional al Estado nación durante un tiempo, pero no podemos obviar los problemas que se desprenden de esta forma de articulación jurídico-política. Es perverso persistir en tomar como concepto-guía de la filosofía política un término que está agonizando porque no puede responder a nuestro presente. Seguimos actuando y planificando —con nuevas leyes y tratados— como si la ciudadanía pudiera ser la solución, cuando es el origen de los problemas. La verdadera ruina es que no somos capaces de proponer una alternativa y, consecuentemente, actuamos como si no supiéramos que limitar las posibilidades de vida por un mecanismo político es diabólico.

Es comprensible que nos resulte difícil imaginar otro modo de vinculación con el territorio que no pase por la sangre y el suelo. No obstante, más difícil es dar la espalda a las exigencias que nos plantea nuestra época —a los encarcelamientos, a los naufragios, a la violencia legitimada institucionalmente contra los cuerpos de los hombres y las mujeres que no son titulares de un pasaporte fuerte—. Los relatos —míticos e históricos— que dan forma al dispositivo de la ciudadanía nos parecen verdaderos y necesarios; la alianza entre la sangre y el territorio ha sido narrada desde tantos lugares que resulta imposible que no sea un acontecimiento natural. Sin embargo, una revisión arqueológica de la construcción de la ciudadanía, con los relatos que han intervenido y las formas jurídicas que estos han adoptado, puede ser un primer paso para mostrar que este sistema de pensamiento —con su orden y las categorías que nos ayudan a pensarlo— es artificial y, por lo tanto, susceptible de ser modificado. El mito enuncia lo que el rito reproduce. Las historias de Erictonio y Eneas orientan el pensamiento de tal modo que un dispositivo jurídico que no hubiera sido consecuente con ellas nos habría resultado absolutamente falso. Por tanto, si queremos ser capaces de desnaturalizar eso que se nos presenta como verdadero, tenemos que encontrar otras historias.

Entrevemos en la narración de historias su fuerza transformadora, su capacidad para acuñar nuevos términos y proyectar nuevos problemas. La disputa por el relato se produce porque, ya lo anunció Gramsci, si es cierto que la realidad está construida por palabras, quien las controla se hace, en cierto sentido, dueño de la realidad. La imaginación filosófica y política nos permite atisbar mundos que todavía no son representables, para los que aún nos faltan las palabras. La capacidad para delinear nuevos horizontes está estrechamente imbricada con este ejercicio de la imaginación. La capacidad de inventar o imaginar nuevos horizontes permite la emergencia «de realidades impredecibles».[1] Es urgente que encontremos el valor no solo para pensar utopías posibilistas, es decir, escenarios a partir de nuestras realidades, sino para imaginar el futuro deseable y, desde ahí, poder retroceder

1. F. B. Berardi, *Futurabilidad. La era de la impotencia y el horizonte de la posibilidad*, Buenos Aires, Caja Negra, 2019, p. 241.

hasta nuestro presente. Los futuros posibilistas son limitados y, en ocasiones, decepcionantes. Por eso ocurre que, a veces, se produce una auténtica disolución del futuro, una especie de encarcelamiento contemporáneo en el presente, dice Jameson.[2] El futuro que tenemos que imaginar no es una prolongación modificada del presente, sino, más bien, una *terra nova* que todavía está por cartografiar. En lugar de limitar la imaginación a las condiciones de posibilidad del presente, de lo que se trata es de ser capaces de proponer nuevos escenarios para los que inventaremos nuevos lenguajes. Sin embargo, esto no quiere decir que el ejercicio de la imaginación deba desatender nuestra realidad. Con un ojo en el futuro y con el otro en el presente, la imaginación identifica qué conceptos están agotados para pensar nuestro mundo y sugiere que estos sean modificados o, incluso, abandonados.

Al final, de lo que se trata, es de ser capaces de jugar. Cualquiera que haya visto a un niño sabe que, hasta cierta edad, cualquier objeto que caiga en sus manos es susceptible de convertirse en otra cosa. El juguete, dice Agamben, es aquello que perteneció una vez, ya no más, a la esfera de lo sagrado o a la esfera práctico-económica.[3] El objeto que se convierte en juguete pierde su significado original: una vez, pero ya no más, es lo que fue. Desde esta perspectiva, para ejercitar la imaginación, jugar con los conceptos de nuestra filosofía política es una invitación a deshacernos de su significado que se nos presenta determinado bajo la ficción de lo natural. Si somos capaces de jugar, como el niño, con los conceptos —estamparlos, retorcerlos, abrirlos para ver qué hay dentro—, tendremos una oportunidad para desprendernos de sus significados y hacer que digan otras cosas.

2. F. Jameson, «La estética de la singularidad», *New Left Review* 92 (2015), p. 128.

3. G. Agamben, *Infancia e historia. Destrucción de la experiencia y origen de la historia*, Buenos Aires, Adriana Hidalgo, 2007, p. 102.

No digo que sea sencillo cambiar de un paradigma centrado en la ciudadanía a uno que tome como concepto-guía lo impersonal, pero sí deberíamos intentar imaginarlo. La insistencia en remodelar la ciudadanía —introduciendo plazos más cortos para el *ius soli* o nuevas fórmulas como el *ius scholae*— testimonia nuestra incapacidad para desprendernos de su significado. Perseverar en la conservación de un dispositivo como la ciudadanía solo muestra nuestra ineptitud para imaginar nuevas fórmulas; la obstinación por interpretar la ciudadanía como un acontecimiento natural solo expone la atrofia de nuestra imaginación. Si de lo que se trata es de posibilitar un pensamiento más allá de nuestra realidad, debemos buscar conceptos políticamente significativos que nos permitan bosquejar otro horizonte. El potencial de la imaginación filosófica y política reside en que, a pesar de su supuesta intraducibilidad política, cultiva la utopía y nos aleja del inmovilismo. Al igual que el juego, la imaginación nos permite ilusionarnos *(in-ludere)* y pensar nuevos mundos en los que el hombre no es condenado por su nacimiento.

Necesitamos un nuevo relato, una nueva forma de contarnos y de narrar nuestra presencia en el territorio que habitamos. No podemos vivir sin historias, sin relatos que den sentido a nuestro presente, pero tampoco podemos olvidar que somos nosotros los que las hemos inventado y que, si la realidad que construyen produce muerte, podemos modificarlas. Habitamos la tensión entre lo que es y lo que podría ser; entre el ahora que efectivamente acontece y el mañana que podría darse. En la medida en que la imaginación nos ofrezca nuevos conceptos e imágenes para representar un mundo que todavía no es, no debemos dejar de jugar con ella. Los términos que hoy nos resultan excéntricos porque nos parecen muy alejados de nuestra realidad son valiosos porque nos llevan a representar teóricamente un cambio de perspectiva.

El horizonte de nuestra experiencia limita las historias, los lenguajes y las imágenes con las que podemos representarnos el mundo. Puesto que lo que está en juego es la vida de una parte de la humanidad, es crucial que no nos limitemos a las historias y a los mundos que conocemos; si las historias del pasado no pueden hacerse cargo del presente, tendremos que inventar nuevos relatos que den lugar a mundos más habitables. Si la imaginación filosófica y política empieza a contar otras historias, a introducir nuevos términos con los que pensar la realidad, la transformación del pensar y del hacer llegará allí donde hasta hace no tanto nos parecía imposible. Seguramente también debió resultar irreal y ambicioso, hace más de dos siglos, poner en duda las desigualdades del Antiguo Régimen,[4] pero se encontraron las palabras y se inventaron los conceptos para afirmar la igualdad de los ciudadanos. Por eso nosotros, ante un nuevo estado de desigualdad, debemos encontrar el valor para concebir otros lenguajes con los que crear nuevos mundos.

4. Cf. L. Ferrajoli, *Derechos y garantías. La ley del más débil*, Madrid, Trotta, 2010, p. 119.

Agradecimientos

Quisiera empezar estos agradecimientos reconociendo el buen hacer del editor de este trabajo, Raimund Herder, y del director de la colección, Miquel Seguró. Sin su profesionalidad y apoyo estas páginas seguirían sin escribirse. Además, me gustaría dar las gracias a Roberto Esposito por la hospitalidad con la que me recibió en 2017 y 2018 en la Scuola Normale Superiore y por su generosidad para escribir el prólogo de este texto. Del mismo modo, quiero expresar mi gratitud a Gabriel Aranzueque por haberme animado a continuar esta investigación y por su ayuda a lo largo de los años.

También quiero agradecer a Mercedes su lectura atenta, sus comentarios y, sobre todo, su entusiasmo. Iván ha sido un apoyo inestimable durante la escritura y revisión del texto: su amistad, aunque le pese, va mucho más allá del perispómeno. Gracias, también, al profesor Petronio por tomarse el tiempo para enviarme sus correcciones y comentarios. En la Universidad Autónoma de Madrid encontré compañeros que se han convertido en buenos amigos a los que me gustaría agradecer la felicidad que traen a mi vida. Ellos son Carmen, Diego, Eduardo, Lucía, Marcela y Nantu. A Lorelai le debía unas líneas aparte porque creo que nunca le he reconocido el profundo impacto que tuvo en mi vida: sin ella sería alguien muy diferente —y con toda certeza peor—.

Por último, como una no ha brotado de la tierra, quiero agradecer a mis padres y a mi hermano haberme ofrecido un hogar lleno de amor y de perros. La seguridad que ellos y mis abuelos me han brindado es el mayor de los regalos. Y, aunque para esto tengo toda la vida, quiero dar las gracias a Andrea por enseñarme que la felicidad es dar todas las mañanas un largo paseo por el parque con Tesla.

Bibliografía

Agamben, G., *La comunidad que viene*, Valencia, Pre-Textos, 1996.

—, «Política del exilio», *Archipiélago. Cuadernos de crítica de la cultura*, 26-27, 1996, pp. 41-52.

—, *Homo sacer. El poder soberano y la nuda vida*, Valencia, Pre-Textos, 1998.

—, *Medios sin fin. Notas sobre la política*, Valencia, Pre-Textos, 2001.

—, *Infancia e historia. Destrucción de la experiencia y origen de la historia*, Buenos Aires, Adriana Hidalgo, 2007.

—, *Desnudez*, Buenos Aires, Adriana Hidalgo, 2014.

—, «Perché non ho firmato l'appello sullo *ius soli*», *Quodlibet*, 18 de octubre de 2017.

—, *El uso de los cuerpos*, Buenos Aires, Adriana Hidalgo, 2017.

Agier, M., *Managing the Undesirables. Refugee Camps and Humanitarian Government*, Cambridge, Polity Press, 2011.

Angelou, M., *Yo sé por qué canta el pájaro en la jaula*, Barcelona, Libros del Asteroide, 2018.

Apiano, *Historia romana. Guerras civiles*, vol. I-II, Madrid, Gredos, 1985.

Apolodoro, *Biblioteca*, Madrid, Gredos, 1985.

Apolonio de Rodas, *Argonáuticas*, Madrid, Gredos, 1996.

Arendt, H., *Hombres en tiempos de oscuridad*, Barcelona, Gedisa, 1990.

—, *Tiempos presentes*, Barcelona, Gedisa, 2002.

—, *Los orígenes del totalitarismo*, Madrid, Alianza, 2006.

— y G. Scholem, *Tradición y política. Correspondencia [1939-1964]*, Madrid, Trotta, 2018.

ARISTÓTELES, *Política*, Madrid, Gredos, 1988.

—, *Constitución de los atenienses*, Madrid, Abada, 2005.

BALIBAR, É., *Ciudadanía*, Buenos Aires, Adriana Hidalgo, 2013.

—, *Nosotros, ¿ciudadanos de Europa? Las fronteras, el Estado, el pueblo*, Madrid, Tecnos, 2003.

—, *Violencias, identidades y civilidad: para una cultura política global*, Barcelona, Gedisa, 2005.

—, *Ciudadanía*, Buenos Aires, Adriana Hidalgo, 2013.

BARBAGLIO, G., *Pablo de Tarso y los orígenes cristianos*, Salamanca, Sígueme, 1992.

BAUMAN, Z., *La sociedad sitiada*, Buenos Aires, FCE, 2008.

—, *Extraños llamando a la puerta*, Barcelona, Paidós, 2013.

BEARD, M., *SPQR. Una historia de la Antigua Roma*, Barcelona, Planeta, 2021.

BENHABIB, S., *Los derechos de los otros. Extranjeros, residentes y ciudadanos*, Barcelona, Gedisa, 2015.

BENVENISTE, É., *Vocabulario de las instituciones indoeuropeas*, Madrid, Taurus, 1983.

BERARDI, F. B., *Futurabilidad. La era de la impotencia y el horizonte de la posibilidad*, Buenos Aires, Caja Negra, 2019.

BETTINI, M., *Homo sum. Essere «umani» nel mondo antico*, Turín, Einaudi, 2019.

BLANCH NOUGUÉS, J. M., «Dignidad personal y libertad: libertad y ciudadanía en la antigua Roma», *AFDUAM. Anuario de la Facultad de Derecho de la Universidad Autónoma de Madrid*, 17, 2013, pp. 163-182.

BLÁZQUEZ FRAILE, A., *Diccionario latino-español*, Barcelona, Editorial Ramón Sopena, 1975.

BROWN, W., *Estados amurallados, soberanía en declive*, Barcelona, Herder, 2015.

CALASSO, R., *Las bodas de Cadmo y Harmonía*, Barcelona, Anagrama, 2019.

CASTORIADIS, C., *Figuras de lo pensable*, Buenos Aires, FCE, 2006.

CASTRO-GÓMEZ, S., *La hybris del punto cero. Ciencia, raza e ilustración en la Nueva Granada (1750-1816)*, Bogotá, Editorial Pontificia Universidad Javeriana, 2005.

CICERÓN, Tulio M., «Verrinas», en *Discursos*, vol. I, Madrid, Gredos, 1990.

—, «Verrinas», en *Discursos*, vol. II, Madrid, Gredos, 1990.

—, «En defensa de Aulo Cluencio», en *Discursos*, vol. V, Madrid, Gredos, 1995.

—, «En defensa de Lucio Cornelio Balbo», en Discursos, vol. VIII, Madrid, Gredos, 2013.

—, *Las leyes*, Madrid, Gredos, 2009.

—, *Los deberes*, Madrid, Gredos, 2014.

—, *Sobre la república*, Madrid, Gredos, 1984.

COHEN, H., *El prójimo*, Barcelona, Anthropos, 2004.

COSTA, P., «La cittadinanza: un tentativo di ricostruzione "archeologica"», en D. Zolo (ed.), *La cittadinanza. Appartenenza, identità, diritti*, Roma-Bari, Laterza, 1999.

—, *Ciudadanía*, Madrid, Marcial Pons, 2006.

DAL LAGO, A., *Non-persone. L'esclusione dei migrante in una società globale*, Milán, Feltrinelli, 2004.

DE AQUINO, T., *Suma Teológica*, Madrid, BAC, 2001.

DE LOS RÍOS, I., «¿De qué se ríen los guardianes? La impenetrabilidad del *oikos* y el riesgo de la minucia en la República de Platón», en J. Lavilla de Lera y J. Aguirre Santos (eds.), *Humor y filosofía en los diálogos de Platón*, Barcelona, Anthropos, 2021.

DEMÓSTENES, «Olintíaco primero», en *Discursos políticos*, vol. I, Madrid, Gredos, 1980.

—, «Discurso fúnebre», en *Discursos políticos*, vol. III, Madrid, Gredos, 1985.

DERRIDA, J., *Fuerza de ley*, Madrid, Tecnos, 1997.

—, *La hospitalidad*, Buenos Aires, Ediciones de la Flor, 2006.

DI CESARE, D., *Stranieri residenti. Una filosofia della migrazione*, Turín, Bollati Boringhieri, 2017.

DIDI-HUBERMAN D., y GIANNARI, N., *Pasar, cueste lo que cueste*, Cantabria, Shangrila, 2018.

DIODORO DE SICILIA, *Biblioteca histórica*, vol. IV-VIII, Madrid, Gredos, 2004.

DIÓN CASIO, *Historia de Roma*, vol. I-XXXV, Madrid, Gredos, 2004.

DIONISO DE HALICARNASO, *Historia antigua de Roma*, vol. I-III, Madrid, Gredos, 1984.

EL AADDAM, S., *Hija de inmigrantes*, Barcelona, Nube de Tinta, 2022.

EL HACHMI, N., *La hija extranjera*, Barcelona, Ediciones Destino, 2015.

ESPOSITO, R., *Communitas. Origen y destino de la comunidad*, Buenos Aires, Amorrortu, 2003.

—, *Immunitas. Protección y negación de la vida*, Buenos Aires, Amorrortu, 2005.

—, *Bíos. Biopolítica y filosofía*, Buenos Aires, Amorrortu, 2006.

—, *Tercera persona. Política de la vida y filosofía de lo impersonal*, Buenos Aires, Amorrortu, 2009.

—, *El dispositivo de la persona*, Buenos Aires, Amorrortu, 2011.

—, «Inmunidad, comunidad y biopolítica», *Las Torres de Lucca*, vol. 1 (julio-diciembre, 2012), pp. 101-114.

—, *Diez pensamientos acerca de la política*, Buenos Aires, FCE, 2012.

—, *Le persone e le cose*, Turín, Einaudi, 2014.

—, *Politica e negazione: per una filosofia affermativa*, Turín, Einaudi, 2018.

ESQUILO, «Las suplicantes», en *Tragedias*, Madrid, Gredos, 1993.

EURÍPIDES, «Erecteo», en A. Martínez Díaz, *Erecteo*, Granada, Universidad de Granada, Instituto de Historia del Derecho, 1976.

—, «Medea», en *Tragedias*, vol. 1, Madrid, Gredos, 1991.

—, «Ión», en *Tragedias*, vol. 11, Madrid, Gredos, 1985.

FATÁS, G. y MARTÍN BUENO, M., *«Res Gestae Divi Augusti». Autobiografía del emperador Augusto*, Zaragoza, Universidad Popular y Ayuntamiento de Zaragoza, 1987.

FERRAJOLI, L., *Derechos y garantías. La ley del más débil*, Madrid, Trotta, 2010.

GARCÍA GUAL, C., *Introducción a la mitología griega*, Madrid, Alianza, 2004.

GARCÍA LÓPEZ, D., *Ínsulas extrañas. Una ontología jurídica de la vida a través de la Italian Theory (Agamben, Esposito, Rodotà, Resta)*, Valencia, Tirant Lo Blanch, 2023.

—, «Paradigma inmunitario y biologización del derecho: derecho biográfico», en D. García López (ed.), *Gobernar los cuerpos: la biopolítica como caja de herramientas*, Valencia, Tirant Humanidades, 2023, pp. 291-315.

GARCÍA MORENO, L. et al, *Historia del mundo clásico a través de sus textos. Roma*, Madrid, Alianza, 2014.

HABERMAS, J., *Facticidad y validez. Sobre el derecho y el Estado democrático de derecho en términos de teoría del discurso*, Madrid, Trotta, 2005.

HAMMAR, T., *Democracy and the Nation State. Aliens, Denizens and Citizens in a World of International Migration*, Nueva York, Routledge, 2016.

HARAWAY, D., *Ciencia, cyborgs y mujeres: la reinvención de la naturaleza*, Madrid, Cátedra, 1995.

HERÓDOTO, *Historia*, vol. I-II, Madrid, Gredos, 1992.

—, *Historia*, vol. V-VI, Madrid, Gredos, 1981.

—, *Historia*, vol. VII, Madrid, Gredos, 1985.

—, *Historia*, vol. VIII-IX, Madrid, Gredos, 1989.

HOMERO, *Odisea*, Madrid, Gredos, 1993.

—, *Ilíada*, Madrid, Gredos, 1996.

ISÓCRATES, «Panegírico», en *Discursos*, vol. I, Madrid, Gredos, 1979.

JAMESON, F., «La ciudad futura», *New Left Review*, 21, 2003, pp. 91-106.

—, «La estética de la singularidad», *New Left Review*, 92, 2015, pp. 109-141.

JUVENAL, *Sátiras*, Madrid, Gredos, 1991.

KALLIFATIDES, T., *Otra vida por vivir*, Barcelona, Galaxia Gutenberg, 2019.

KANT, I., *Sobre la paz perpetua*, Madrid, Tecnos, 1998.

—, *Teoría y práctica*, Madrid, Tecnos, 2006.

—, *Metafísica de las costumbres*, Madrid, Tecnos, 2008.

KELSEN, H., *Teoría pura del derecho*, Buenos Aires, Eudeba, 2009.

LISIAS, «Discurso fúnebre en honor de los aliados corintios», en *Discursos*, vol. I, Madrid, Gredos, 1988.

LOCKE, J., *Ensayo sobre el entendimiento humano*, Ciudad de México, FCE, 2005.

LORAUX, N., *Las experiencias de Tiresias. Lo masculino y lo femenino en el mundo griego*, Barcelona, Acantilado, 2004.

—, *Nacido de la tierra. Mito y política en Atenas*, Buenos Aires, El Cuenco de Plata, 2007.

—, *La invención de Atenas. Historia de la oración fúnebre en la «ciudad clásica»*, Buenos Aires, Katz, 2012.

LORAUX, N., *Los hijos de Atenea. Ideas atenienses sobre la ciudadanía y la división de sexos*, Barcelona, Acantilado, 2017.

MANCEBO, M. F., *La España de los exilios. Un mensaje para el siglo XXI*, Valencia, Marcial Pons, 2008.

MARSHALL T. H., *Citizenship and Social Class*, Londres, Pluto Press, 1992.

MARTÍN PUENTE, C., «Vino, banquete y hospitalidad en la época griega y latina», *Revista de filología Románica*, V, 2007, pp. 21-33.

MAS, S., *Ethos y Pólis: una historia de la filosofía práctica en la Grecia clásica*, Madrid, Istmo, 2003.

MAUSS, S., *Sociología y antropología*, Madrid, Tecnos, 1979.

MELONI, C., *Feminismos fronterizos*, Madrid, Kaótica Libros, 2021.

MEZZADRA, S., *Derecho de fuga. Migraciones, ciudadanía y globalización*, Madrid, Traficantes de Sueños, 2005.

NAVARRO, D., «Vidas a la intemperie», en R. Benéitez y V. Fusco (eds.), *Los otros y sus fronteras*, Madrid, Dykinson, 2021.

OVIDIO, *Fastos*, Madrid, Gredos, 1998.

—, *Metamorfosis*, vol. VI-X, Madrid, Gredos, 2012.

PELLIZARI, A., «*Roma communis nostra patria est*. Constanti e variabili del patriotismo romano nei secoli dell'Imperio», *Atti della Accademia delle Scienze di Torino* 199 (2000), pp. 3-41.

PIÑERO, A., *Los libros del nuevo testamento*, Madrid, Trotta, 2021.

PLATÓN, «Menéxeno», en *Diálogos*, vol. II, Madrid, Gredos, 1987.

—, «Menón», en *Diálogos*, vol. II, Madrid, Gredos, 1987.

—, «República», en *Diálogos*, vol. IV, Madrid, Gredos, 1988.

—, «Timeo», en *Diálogos*, vol. VI, Madrid, Gredos, 1992.

—, «Leyes», en *Diálogos*, vol. VIII, Madrid, Gredos, 1999.

PLUTARCO, «Sobre el destierro», en *Obras morales y de costumbres (Moralia)*, vol. VIII, Madrid, Gredos, 1996.

—, *Vidas paralelas*, vol. I, Madrid, Gredos, 1985.

—, *Vidas paralelas*, vol. II, Madrid, Gredos, 2008.

POLIBIO, *Historias*, vol. VI, Madrid, Gredos, 1981.

QUINTANA, L., *Rabia. Afectos, violencia, inmunidad*, Barcelona, Herder, 2021.

ROCCO, V., «Pax europea y crisis social», en D. S. Garrocho y V. Rocco (eds.), *Europa. Tradición o proyecto*, Madrid, Abada, 2013.

Rodotà, S., *La vita e le regole. Tra diritto e non diritto*, Milán, Feltrinelli, 2006.

Rykwert, J., *La idea de ciudad. Antropología de la forma urbana en el Mundo Antiguo*, Madrid, Hermann Blume, 1985.

Said, E., *Reflexiones sobre el exilio*, Barcelona, Debate, 2005.

Salustio, «Fragmentos de las "Historias"», en *Conjuración de Catilina, Guerra de Jugurta...*, Madrid, Gredos, 1997.

Samaddar, R., *The Marginal Nation: Transborder Migration from Bangladesh to West Bengal*, Nueva Delhi, Sage Publications, 1999.

Santiago Álvarez, R. A., «Esquilo, *Las suplicantes:* una "hospitalidad" plasmada en leyes», *Faventia*, 2, 2013, pp. 57-74.

Sassen, S., *Contrageografías de la globalización. Género y ciudadanía en los circuitos fronterizos*, Madrid, Traficantes de Sueños, 2003.

—, «La formación de las migraciones internacionales: implicaciones políticas», *Revista internacional de filosofía política*, 27, 2006, pp. 19-40.

Sayad, A., *La doble ausencia: de las ilusiones del emigrado a los padecimientos del inmigrado,* Barcelona, Anthropos, 2010.

Schmitt, C., *Teoría de la constitución*, Madrid, Alianza, 1996.

Seguró, M., *Vulnerabilidad*, Barcelona, Herder, 2021.

Séneca, «Apocolocintosis», en *Diálogos. Apolococintosis*, Madrid, Gredos, 1996.

Sennett, R., *El extranjero*, Barcelona, Anagrama, 2014.

—, *El extranjero. Dos ensayos sobre el exilio,* Barcelona, Anagrama, 2014.

Shachar, A., *The Birthright Lottery. Citizenship and Global Inequality*, Cambridge, Harvard University Press, 2009.

Sherwin-White, A. N., *The Roman Citizenship*, Oxford, Oxford University Press, 1996.

Shklar, J., *American Citizenship. The Quest for Inclusion*, Cambridge, Harvard University Press, 1991.

Singer, P., *Repensar la vida y la muerte: el derrumbe de nuestra ética tradicional*, Barcelona, Paidós, 2000.

—, *Desacralizar la vida: ensayos sobre ética*, Madrid, Cátedra, 2003.

Sófocles, «Antígona», en *Tragedias*, Madrid, Gredos, 1981.

Solón, «Eunomía», en C. García Gual, *Antología de la poesía lírica griega. Siglos VII-IV a.C.*, Madrid, Alianza, 1998.

SOYSAL, Y. N., *Limits of Citizenship: Migrants and Postnational Membership in Europe*, Chicago, Chicago University Press, 1994.

SUETONIO, *Vidas de los doce césares*, vol. I, Madrid, Gredos, 1992.

TÁCITO, *Anales*, vol. I-VI, Madrid, Gredos, 1979.

—, *Anales*, vol. XI-XVI, Madrid, Gredos, 1980.

TAYLOR, C., *El multiculturalismo y «la política del reconocimiento»*, Ciudad de México, FCE, 2009.

TITO LIVIO, *Historia de Roma desde su fundación*, vol. I-III, Madrid, Gredos, 2000.

—, *Historia de Roma desde su fundación*, vol. VIII-X, Madrid, Gredos, 1990.

—, *Historia de Roma desde su fundación*, vol. XLI-XLV, Madrid, Gredos, 2008.

—, *Historia de Roma desde su fundación*, vol. XXVI-XXX, Madrid, Gredos, 1993.

—, *Historia de Roma desde su fundación*, vol. XXXVI-XL, Madrid, Gredos, 1993.

TUCÍDIDES, *Historia de la guerra del Peloponeso*, vol. I-II, Madrid, Gredos, 1990.

VALDITARA, G., *Civis romanus sum: Citizenship and Empire in Ancient Rome*, Washington, Academica Press, 2020.

VELASCO, J. C., *El azar de las fronteras*, Ciudad de México, FCE, 2016.

VIRGILIO, *Eneida*, Madrid, Gredos, 1997.

VITORIA, F. de., *Relecciones sobre los individuos y el derecho de guerra*, Madrid, Espasa-Calpe, 1975.

WALZER, W., *Spheres of Justice. A Defense of Pluralism and Equality*, Nueva York, Basic Books, 1986.

WEIL, S., *La fuente griega*, Buenos Aires, Sudamericana, 1961.

—, *Escritos de Londres y últimas cartas*, Madrid, Trotta, 2000.

YAKOVENKO, M., *Desencajada*, Barcelona, Caballo de Troya, 2020.

ZWEIG, S., *El mundo de ayer. Memorias de un europeo*, Barcelona, Acantilado, 2012.